小森収ミステリ評論集

本の窓から

Komori Osamu
小森収

論創社

本の窓から

目次

■第一部

■第二部

■第三部

■第五部

■第六部

連載中も連載後もお世話になって、かつ、少々迷惑もかけたはずの松浦正人さんに

第一部

あったはずのサスペンス

アガサ・クリスティ『アクロイド殺し』

『アクロイド殺し』／アガサ・クリスティー羽田詩津子訳／早川書房クリスティー文庫／２００３年

今月から、ミステリの旧作を取り上げて、読むことになった。なるべく、現在たやすく入手できる本をあつかうつもりなので、古典的名作の再読ということになることが、多いだろう。けれど、従来の定評を改めて蒸し返す気はないし、場合によっては、定評のないようなものを、敢えて推薦することも、あるかもしれない。

第一回目は、アガサ・クリスティの『アクロイド殺し』にした。どうせなら、このあたりから始めたい。二十五年ぶりくらいに手にした。三読目のはずだが、ハヤカワミステリ文庫の田村隆一訳は初めて読む。

『アクロイド殺し』は、例の大トリックが、とにかく有名で、そのトリックが、フェアかアンフェアか、是か非かという点以外は、云々されることが少ない。私は初読時に、すでに犯人もトリックも知っていて、そのせいか、この小説をそう評価していなかった。今回読み返して、クリスティらしさが、意外によく出た作品だと感じた。その、もっとも端的な例が、作中に度々出てくる「(性格が)弱い」という言葉だ。主として人間の心理に関する言葉が多いが、あるキイワードを頻繁に(それもミスディレクション的に)使って効果をあげるのが、クリスティは得意だ。『ねじれた家』などは、それ一発でもっているようなところがある。本書では「弱い」がその言葉だ。犯人がポアロの面前で、自分をよく知る人から、そう指摘される場面で、相手にくってかかるところなど、再読用の面白さに満ちている。

私は、例のトリックについては、アンフェアだが是とするという見解だった。今回読んでも、その意見は変わらない。ただし、非常に高いレベルでの話だが、物足りなさも感じた。

かつて、瀬戸川猛資が『夜明けの睡魔』でこの小説を取り上げたとき、「このサスペンスの欠如、ダルさ冗漫さは大幅な減点」として、クリスティの中では最高峰とは呼べないが「上の下、悪くても中の上」と評した。確かに、その通りだ。しかし、語り手のシェパード医師にとって、この事件は、冗漫どころの体験ではないはずだ。けれど、そのサスペンスを、クリスティは書くことができなかった。三読しても、ここには、実際にはあったはずのサスペンスが書かれていないと思った。それが、大トリックの成立という一点にのみ、目が眩んだ結果なのかどうか。

秘密を隠すことは、アンフェアであっても是としよう。しかし、そこにあったはずの、心理的なサスペンスを描く手立ては、果たして、なかったものだろうか？（97年3・4月合併号）

角川文庫版『獄門島』への疑問

横溝正史『獄門島』

『獄門島』／横溝正史／角川文庫／1996年改版

もちろん、横溝正史の『獄門島』は、世界に誇る日本語で書かれたミステリの傑作である。本来なら、ここでは、その魅力について書くべきなのだが、今回は違うことを書く。ただし『獄門島』が素晴らしい小説であることは断言しておく。

角川文庫版『獄門島』には、現在、こういう文章がついている。

「本書中には、今日の人権擁護の見地に照らして、不当・不適切と思われる語句や表現がありますが、作品発表時の時代的背景と文学性を考え合わせ、著作権継承者の了解を得た上で、一部を編集部の責任において改めるにとどめました。(平成八年九月)」

今回入手した本は、奥付に「平成八年九月二十五日　改版初版発行」とある。そこで、改版前の版(昭和四十八年六月三十日八版発行)と、中身をつき合わせて驚いた。文字遣いに関して、全面改訂と言っていいほどの、大幅な書き替えだったのだ。しかも、いわゆる差別用語の言い換え(このこと自体の問題は置いておく)は三箇所だけ。あとは、漢字を開いたり、あるいは逆にかなを漢字にしたり、おくりがなをおくったり取ったりと、それらに伴う統一で、人権問題とは関係がなく、その量は、ほぼ全ページにわたり、各ページにつき数箇所以上という膨大なものなのだ。

加えて、その直しは、ていねいとは言えない。空咳を開くのに「からせき」「からぜき」とまちまちだし、雑俳のルビが「ざつはい」だ。瀬戸内海の島の人間の台詞なのに「こうゆうて参りました」を「こう言ってまいりました」に直す。言葉、謎、膝といった漢字をかなにするのも、意味があると思えない。「ブラ下がる」という表現が嫌いらしく、必ず「ぶらさがる」

にする一方、「誤魔化して」は「ゴマ化して」の方がいいと考えているようだ。
もちろん、中には、あて字やミスの訂正もある。だが、大多数の改変部分は、私には必要と思えない。仮に一歩譲って、必要な改変だったとして、ならば、なぜ、横溝正史の生前に、書き直しを依頼しなかったのか。著者の死後、人権問題を隠れ蓑に、勝手に文章をいじるのは、フェアと言えまい。「吾輩」は「我が輩」に直されているが、著作権継承者の了解さえとれば、夏目漱石の『吾輩は猫である』を『我が輩は猫である』にしてもいいと、角川文庫は考えているのだろうか。
こうしたことが通るのなら、現在角川文庫に作品の入っている作家は、誰でも、死後、同じめにあう可能性があるということだ。これは問題であると私は思う。（97年5月号）
念のために、今回、平成二十四年十一月三十日改版四十版発行の角川文庫『獄門島』を入手して、改版初版とざっと比べてみたが、このふたつの版に違いはないようだった。十五年以上状況は変わっていないということになる。

逆説的な非現実感の背後にあるもの

G・K・チェスタトン『ブラウン神父の童心』

『ブラウン神父の童心』／G・K・チェスタトン中村保男訳／創元推理文庫／1982年

　G・K・チェスタトンのブラウン神父のシリーズは、鮮やかさに満ちたパズルストーリィの短篇集だ。中でも、第一短篇集の『ブラウン神父の童心』は、佳作ぞろいで、ミステリファンの必読書といってもいい。このこと自体は、従来からの定説である。また、その内容が評価される際には、「抽象的表現」や「言語の魔術」あるいは「逆説や警句」といったフレーズが使われるのが、もっぱらだ。それらに、ナンセンスやユーモアという言葉を、つけ加えてもいい。そして、チェスタトンの非現実的な筆致が、常に変わらず評価される。中島河太郎による創元推理文庫版の解説が、すでにそうだし、私の知るかぎり、大方の評価も同じだ。また、そういう評価に、私はけっして反対ではない。ただ、ひとつ気になるのは、そういう非現実的な筆の背後に、ある現実があったのではないかということだ。

『ブラウン神父の童心』は、外国人が多く出てくる短篇集である。ご承知のとおり、第一作の「青い十字架」で、のちに改心する大泥棒のフランボウが登場し、パリ警察の名探偵ヴァランタンの目前で、ブラウン神父から青い十字架を奪おうとして、逆に正体を暴かれる。このフランボウとヴァランタンという、ブラウン神父ものの重要な登場人物は、ともにフランス人である。しかも、ヴァランタンは無神論者だ。続く「秘密の庭」は、パリのヴァランタンの家で、密室殺人が起き、アイルランド人のフランス外人部隊軍人や、新興宗教に金をばらまくアメリカ人が登場する。

アメリカ人と新興宗教は、のちの「アポロンの眼」で、より重いモチーフとなる。また、私が最高作と考える「奇妙な足音」は、イギリスの紳士たちをもてなす、ユダヤ人の経営するホテルでの話であり、少なくとも給仕のひとりはイタリア人である。

長くなるから、このへんで例示はやめるが、ブラウン神父ものには、国籍、階級、宗教、思想を異にするという点で、実に様々な人々が登場する。そして、ここからが大切な点だが、そういう、どこかが異なった人々が、近距離に存在することの驚き、あるいは、近距離に存在することで生じる驚きが、このシリーズの謎の核にはある。それは、おそらく、繁栄した大英帝国が、何百年かの社会的経済的な変化の蓄積を経たのち、十九世紀から二十世紀にかけて、体験した驚きであり、その後、世界じゅうが経験することになる、驚きでもあった。
ブラウン神父ものの、逆説的な非現実感を支えるのは、そういう現実のめまいではなかったかというのが、私の推測なのである。

（97年6月号）

帝国主義大盛り上がりのただなかで

モーリス・ルブラン『813』『続813』

『813　ルパン傑作集（Ⅰ）』／モーリス・ルブラン堀口大學訳／新潮文庫／2001年改版
『続　813　ルパン傑作集（Ⅱ）』／モーリス・ルブラン堀口大學訳／新潮文庫／2001年改版

子どものころ、子ども向けの訳、例の南洋一郎訳だけれど、それで読んだ時も、ずいぶんいいかげんな話だと思っていた。怪盗ルパンのシリーズのことである。それでも、この『813』は、スケールが大きい上に、展開がスピーディで犯人も怖かったので、好意的な印象を持っていた。もちろん、ご都合主義なところはたくさんあって、それを具体的に書く気にはならないが、その点、新潮文庫版（堀口大學訳！）で読んだ今回も、そう印象は変わらない。もっとも、犯人の怖さは、さすがに感じなかったが、かわりに、結末と登場人物たちの恋愛感情とのからみ方に、描き方は通俗きわまりないけど、いささか感心した。

ドイツ人のダイヤモンド王・ケッセルバックの殺人事件に始まり、残忍な刺殺を重ねる、黒衣の殺人鬼が跳梁する。ルパンは小説の初めから登場し、ケッセルバックの陰謀を、横あいから掠めようとするが、ケッセルバック殺しの罪を着せられる。パリ警察からはルノルマン保安課長が乗り出す。地下トンネル、全ヨーロッパを巻き込む陰謀、大公の落とし胤、古城の宝の隠し場所、そういった要素を盛り込んで、これはミステリというよりも、伝奇小説と呼んだ方がいいだろう。

ここで大切なことは、抜きがたく存在する時代色だ。モロッコ事件を背景に、ルパンがカイゼルと取り引きをするのは、小説の技としては、あざといくらいのものだ。もう少し詳しく書くと、この小説が連載された一九一〇年は、フランスのモロッコ支配に対して、二度にわたってドイツが干渉したモロッコ事件の最初のそれの五年後で、翌年、二度目の干渉が起こり、フランスがモロッコを保護国にすることで決着するのは、さらにその翌年一九一二年のことだ。ルパンとカイゼルの取り引きのおおもとには、普仏戦争の結果ドイツに併合されたアルザス・ロレーヌ問題がある。言うまでもなく、第一次大戦前のお話である。

そうした史実の小説的利用もともかく、もう少し慎重に受け止める必要ある時代性として、『８１３』に色濃く現われているのは、マスメディア（この場合は新聞）によるルパンの人気確立と、愛国者ルパンによって示されるナショナリズムだ。ルパンは新聞の記事・投書を最大限に利用して、警察を嘲笑し、国民の支持を得る。そして、カイゼルに一泡ふかせ、モロッコにおける譲歩を引き出して、あげく、アルザス・ロレーヌを奪還するという絵図面を描く。マスコミュニケイションの発達によって醸成・強調される、ナショナリズムという一体感。これこそ、帝国主義が大盛り上がりを見せた一因であり、十九世紀末から二十世紀前半の大衆小説に、その影が落ちるのは、当然というものだ。それは、この『８１３』においても、しかり。具体的な事件以前のそういう構図の部分に、二十世紀初頭のヨーロッパという時代色が、強く現われているのである。

（97年7月号）

怪しさが積み重なってはいくけれど……

ジョエル・タウンズリー・ロジャーズ『赤い右手』

『赤い右手』／ジョエル・タウンズリー・ロジャーズ夏来健次訳／創元推理文庫／2014年

手放しで推薦は出来ないが、注目すべき点を含んだ小説を取り上げる。国書刊行会が、謎解きミステリの旧作を丹念に拾っている、世界探偵小説全集の一冊。一九四五年の作品である。

小説は、事件に巻き込まれた外科医の手記という体裁だ。その日、結婚式を挙げる予定の大金持ちと、彼のフィアンセが、車でハネムーンを兼ねた旅の途中、燃えるような赤い眼をして、足のねじれた浮浪者のヒッチハイカーを拾う。陽も暮れるころ、その浮浪者は、ナイフをかざしてふたりを襲う。女はいのちからがら逃がれ、大金持ちは殺される。浮浪者は、彼を助手席に乗せたまま車を暴走させ（人ひとりと犬を一匹轢き殺す）て、通過した村の住人たちがそれを目撃する。ところが、その車が疾走した一本道が、最後に三叉路になるところで、主人公の外科医は、たまたま車が故障していたのだが、その外科医と出会わないまま、自動車ごと、犯人と被害者は消え失せてしまう。

物語は、その夜、その医師が、その日起きた事件を整理して、書き留めようとするところから始まる。事件の記述の仕方は、時間を追ってはいないが、それで混乱を起こすほどではない。この小説で圧倒的に面白いのは、事件の全貌が、徐々に明らかになっていく、前半の部分だ。というのも、事件が語られる一方で、ひとり、非常に怪しい人間が浮かび上がってくる。それが誰かは、ここでは伏せるが、本来、たいへん巧妙といっていいほどのテクニックで、その人物の怪しさは増していく。夏の午後、その日の事件の描写の進行と陽の暮れの進行とともに、表面上の謎（車の消失）の他に、ある登場人物の言動の持つ意味の背後に隠れている細かな怪しさが、謎となって積み重なっていく。その怪しさが、読者を引きつける力は、かなりのもので、まことに面白い。

ところが、解決がいけない。謎の大半が、単なる偶然で終わるのである。従って、この『赤い右手』は古めかしい凡作だ。しかし、である。いかに、謎が放りだされたままであっても、それを投げかけていく手つきの素晴らしさまで、忘れていいわけではない。ミステリの謎は、本来、投げかけ方と解き方で、ワンセットのはずだ。だが、これまでの評価は、解決部分だけを、つまり後者ばかりを、見ていなかったか。『赤い右手』は、そんな反省を促すきっかけには、なるかもしれない。ただし、巻末の解説は、さすがにひいきのひき倒し。無理に傑作の太鼓を叩いていているとしか思えない。

（97年8月号）

神の灯の下、合理を求める

エラリイ・クイーン「神の灯」

『エラリー・クイーンの新冒険』／エラリー・クイーン井上勇訳／創元推理文庫／1961年

まれに、パズルストーリイを読んでいて、犯人があたる時がある。もっとも、その場合、このプロットでこの手はないだとか、この描写であの手ならアンフェアになる（だから消去できる）だとか、邪道としか言いようのない思考法が、犯人の発見に寄与している。小説中の名探偵には、そんな思考法など禁じ手で、それで、犯人を見破るのだから、えらいものだ。このことは、実は冗談ではない。パズルストーリイの性質に関する重要な議論なのである。

エラリイ・クイーンの中編「神の灯」は、ばりばりのパズルストーリイで、クイーンの中でも、屈指の名編。

偏屈な老人が、そのどこかに金貨をため込み隠していながら、死ぬまで隠し場所を明かさないまま住み続けたという〈黒い家〉。長年、離れ離れになっていた老人の娘が、イギリスからやって来るところから、話は始まる。老人の最期をみとった医者である、いかにも怪しげな彼の義弟と、その家族たちは、〈黒い家〉の隣の〈白い家〉に住んでいる。そして、名探偵クイーンの目の前で、その〈黒い家〉が、豪雪の中、一夜にして消え失せてしまう。

この小説のもっとも魅力的なところは、家が一軒まるまる消失することの不思議さでもなければ（それは二番目に面白いところだ）、その種あかしでもない。名探偵クイーンが、なぜ、その解決に到ったかが判明する、そこのところだ。もちろん、その瞬間だけではなく、それ以前に周到に（かつ美しく）張られた伏線も含めての話だ。

そこを見誤っている人が、多いのではないか？

「神の灯」を〈家が消失する話〉として（だけ）記憶し、作中で使われた消失トリックをメモする（だけでよしとする）態度が、パズルストーリイをつまらなくする。それでは題名が泣こうというものだ。名探偵クイーンは、鮮やかな推理で、一軒の家が消え失せるという謎を合理的に解く。だが、合理的な論理の人クイーンが、合理をもとめて解決の論理を組み立てるには、神の灯としか言いようのない、自然の導きが必要だった。そのことに、人は感動する。

たとえば、これをジョン・ダニングの『死の蔵書』と比較するといい。そこでは、「神の灯」では、苦しまぎれに補遺で加えられた、トリックのある部分の説得力が増している。その点、より洗練されてはいる。だが、そこには神の灯はない。そして、それゆえに、トリックと解決はあっても、感動はないのである。

（97年9・10月合併号）

刑事と犯人の対決が孕んでいるもの

土屋隆夫『危険な童話』

『危険な童話／影の告発』／土屋隆夫／創元推理文庫／2000年

これは、私個人の方針で、一般的ではないのだが、私がパズルストーリイという言葉を使う時、それは、他の人たちが本格物と呼ぶ範囲と、イコールではない。というのも、私は、アリバイ破りを、パズルストーリイには含めないからだ。その理由は、時間をかけて謎を解いていく魅力と、鮮やかに謎を解く魅力とに、違いを見ているためと、とりあえずは、考えてもらっていい。もちろん、どちらかが、上などと言っているわけではない。

土屋隆夫の『危険な童話』がアリバイ破りなのかどうかは、意見が分かれるかもしれない。私にとって、それはどうでもいいことで、なおかつ、私の分類では、これはアリバイ破りである。もっと正確に言えば、〈アリバイ破りに代表される種類のハウダニット〉で、このタイプのミステリの特徴は、容疑者が途中でひとりに絞られてしまう点にある。土屋隆夫の長編は、私の分類では、この範疇に入るものが多く、中でも『危険な童話』を最高傑作とする。平静で感情を露にしない犯人像（の描写も簡潔でよろしい）が、ある瞬間ブレイクする、そのドラマティックなうねりが、何といっても、素晴らしい。

今回、久しぶりに読み返して（私は現代推理小説体系の第十巻でしか、この小説を読んだことがなく、今回もその例外ではない）みて、おもに語り口の部分で古さを感じたが、そもそも昭和三十年代の作品なのだし、その古さと同種の発想が、現在の日本の小説にも見られることを考えると、ことさらに言い募る気にはなれない。それよりも、ラストの木曾刑事と犯人の対決、そこでの決着、さきほど書いたブレイクの瞬間、そして、そこに到るプロセスと、その裏に潜む登場人物たちの心の動きが、明らかになる結末の迫力は、ミステリの魅力を充分に堪能させる。

まず重要なのは、探偵役の木曾刑事が、犯人に対して予断というか、ある不快感を、持っているということだ。その朝、まだ事件が起きるよりも前に、木曾は妻と小さないさかいをする。それは、娘にピアノを習わせるか否かという、些事とは言えないまでも、日常的には当たり前のように生じる問題だ。だが、ピアノの習い事は、自分とは世界の異なるものと、木曾はほとんど反射的に拒絶してしまう。さらに、そのときの妻の「そんな規則でもあるんですか」という言葉が、取調室で木曾に不快感を与えた記憶と結びついていたため、拒絶は頑なものとなってしまう。木曾の年齢は不詳だが、軍隊経験もあり、学齢前の娘は当時としては遅い子どもだろう。木曾の履きづらい靴は、小説構成上、この朝一番にどうしても張っておきたい伏線だが、それを木曾が我慢するのは、その軍隊経験が習慣的に生き残っていたからだ。木曾は論理ではなく習慣が行動を規制する。そして、このことは多くの人に、ごくあたりまえに共通することだが、木曾がいわゆる名探偵と一線を画す点でもある。木曾は、このときの妻の言葉を「論理をとびこして、いきなり感情的な結論を突きつけてくる。しかも、唐突に発した一語が、どれほど夫の胸に、鋭い痛みとなって残るかを理解していない」と感じる。カギカッコ内前段の非論理的なことも、後段の彼の切実さと同様に、明白であろう。木曾が論理的であろうがなかろうが、妻の言葉は、木曾の触れられたくないなにかに触れたのだ。もっとも、これを三人称の地の文で書いてしまうのが、さきほど指摘した語り口の古さの(しかもいまだに、そこらで見られる)一例だが、ここでは踏み込まない。

新刑事訴訟法施行から五年以上が経過していた。しかし、木曾には、そんな規則があることは、負担になっていなかったか? もちろん、木曾が新刑事訴訟法から逸脱することは出来ない。現実はともかく、謎解きミステリで、それは出来ない。だから、木曾は物証を執念深く求める。ただし、それは木曾ひとりの問題ではない。鉄壁のアリバイを持つ容疑者を、クロと疑うのは、見込捜査と紙一重である。アリバイ破りものの探偵役――に、公権力を持つ、刑事や検事が多いのはなぜだろう?――が、共通して直面する問題だ。その朝、木曾は講習に派遣される。木曾が受けさせられた、退屈な講習の題目は「暴力事犯の社会的背景とその対策」だったが、ここは、嘘でも「新刑事訴訟法運用の実際と問題点」であるべきだったと、私は思う。そして、講習から戻った木曾を待っていた事件は、そのピアノの先生の家で起きたのだ。

創元推理文庫版の土屋隆夫推理小説集成第二巻の解説「肉体の報復　土屋隆夫の中期長編群」で、巽昌章は『危険な童話』の犯行現場を、「犯人がこの世の汚辱に抵抗しようと、日常嘱目の品々を総動員して築き上げた小さな砦のように見える」と指摘した。きわめて正当な指摘だが、その日常を根本で支えていた音楽教室というものが、木曾に不快感をもたらしていたことを、忘れてはならない。当時の地方都市で、中退とはいえ音大へ行った三十代の女性が、夫を失い、娘をひとりで守る（いっそ彼女の手に職がなければ、こんな事件は起きなかったかもしれない。だが、それが幸福な結果を招くという保証もない）。そのこと自体が、木曾の生活感からは大きくはずれ、おそらく実感できない。巽説に引きつけて言うなら、犯行現場の砦は、木曾の目には、日常嘱目の品々にそもそも見えていない。

一方、犯人からすれば、自分の真意は、木曾に対してはもちろん、誰からも理解されるわけにはいかない。犯人の拠り所は物証のないことだが、それは物証さえなければ、警察は手が出ないはずという、犯人が戦後に受けた高等教育に基づく判断から発している。物証のないまま確信だけは強固にしていく木曾の姿は、その判断（と、その根拠そのもの）を根こそぎ否定してしまう。ふたりの間の、このすれ違いは決定的である。

犯人が葉書に見知らぬ他人の指紋をつける細工は、かねて不用と感じていたのだが、右の点を拠り所とする犯人にすれば、やりそうなやりすぎ（木曾刑事のラストの暴走＝やりすぎと、小説的には対応している）として、成立していると思った。いかにして犯行が可能になったか？　それを立証する証拠はあるのか？　という謎を挟んで、探偵と犯人が向かい合い、その謎と解決の背後には、両者の凄まじい執念が、それと同等のすれ違いを伴いながら、常に漲っている。ハウダニットのトリックに説得力と感動を与えているのは、その一点であり、それが『危険な童話』の持つ魅力の正体なのである。

（97年11月号大幅改稿）

ミステリの初心を忘れた時代に生きる読者のために

シャーロット・アームストロング『毒薬の小壜』

『毒薬の小壜』／シャーロット・アームストロング小笠原豊樹訳／ハヤカワミステリ文庫／1977年

以前から、そういう気配は感じていたものの、ここ二年ほど、翻訳ミステリの新刊評を、定期的にやるようになって、最近のアメリカミステリの多くに共通する、嫌な傾向に気がついた。それは、真相や真実など、どうでもいいという態度、そんなものは分からなくてかまわないし、分かろうとする必要もないという態度だ。

それがもっとも顕著なのは、法廷ミステリである。いまのアメリカミステリでは、法廷が、被告の有罪無罪に関しての真実を明らかにするための場だとは、考えられていない。検察・弁護側双方とも、手続きの不備をつきあい、陪審員や判事の人種的偏見や、そこまでいかなくても、考えの偏りを、敏感に利用しようとする。そういう枝葉のテクニックの巧拙が、裁判を決めると信じて疑わない。

法廷ものでない場合はどうか。今度は、探偵役が解決するのではなく、事件が勝手に解決してしまうのだ。というのも、探偵役が理性的な思考・行動をしないので、解決に行きつけないのである。仕方なく、作家は原稿がある程度の長さになったところで、自らの手で、事件を解決させてしまわなければならなくなる。たいていは強引きわまりない。

ミステリとは、ある不分明な状況に直面した主人公が、その人らしい理性的な方法で、その不分明さを解決する物語だと、私は考える。人は真実にたどりつける。その神話を信じるという初心を、忘れているのではないか？

実際のアメリカは、正義などどこ吹く風の、取引ですべてが決まり、理屈はみんな責任逃れの言い訳（ベン・エルトン『ポップコーン』の皮肉を見よ）で、弱者に向けられる理不尽な暴力が、誰のそばにもころがっている社会なのかもしれない。だからといって、ミステリの態度がこうでは困る。

一度、初心に返るがいい。

ご近所の「最低のくそじじい」が大切な犬を殺したと主張する子どもたちに、人を疑うには合理的な判断が必要であることを、大人たちが教えるという短篇ミステリ「敵」で、ＥＱＭＭ

コンテストの第一席を得た、この著者の本は、それにうってつけだ。

ある後向きな考えに感化されていた主人公が、過失から毒入りのオリーブ油の小壜を紛失する。誰になるか分からない、不特定の被害を食い止めるため、通りすがりの人々が次々と協力し、知恵と力を出し合う。

「一人の男がその知性と直感力をあげて或る可能性にぶつかり、遂に勝利をかち得たということは、それだけでうっとりするほど楽しいことだ」

なんて文章も出てくるのだから、著者の姿勢は明らかだ。シャーロット・アームストロングの『毒薬の小壜』は、現代にこそ読まれたい、気持ちのいいミステリである。（97年12月号）

シャーロット・アームストロングは、初期作品が小学館文庫から、中期から晩年にかけての作品が創元推理文庫から、いくつか翻訳されている。創元推理文庫には何回か解説を書いたので、細かな議論はそちらを参照していただきたい。アームストロングは、どれを読んでも面白いと思うので、気に入りそうなものから読まれればよろしかろう。

移動がもたらすもの

中薗英助『密航定期便』

『密航定期便』／中薗英助／講談社文庫大衆文学館／1996年

中薗英助は、日本のスパイ小説を、実作と理論の両面から先導した作家である。『密航定期便』は、一九六三年刊行であり、この年は、ジョン・ル・カレの『寒い国から帰ってきたスパイ』が書かれた年でもある。だから、当時の中薗英助の頭の中にあったのは、エリック・アンブラーであり、グレアム・グリーンであり、あるいは、ジョゼフ・コンラッドであろう。外套と短剣の活劇が、絵空事と言って悪ければ、ロマンティックに感じられるようになった世界において、スパイの物語を描こうとした作家たち。さりとて、冷戦進行後のスパイ組織の巨大化硬直化は、まだ射程に入っていない。

序章、対馬沖で、女性の水死体が発見される。主人公の西条は、学生運動に挫折し、「実質は、労働スパイの代理業者」である労使問題の興信所で、探偵をやっている。彼が以前素行調査をして、在日韓国人の会社に入った女子社員が失踪し、行方を探すよう依頼がくる。興信所の最上は、西条にその仕事を命じるが、彼女の会社の社長も最上も、何かを隠しているふしがある。やがて、西条は、失踪した女子社員の背後に、韓国における南北統一運動団体による、反軍事政権への蜂起と、それにまつわる謀略をかぎつける。

中薗英助は、作家あるいはスパイ小説家として、鍛えが入っているから、スパイが人を欺き続けることでしか、生き残れない人間であると、よく承知している。先駆者の特徴なのか、人物造形でなく、直接的な言い切りで、それを書くこともあるが、とにかく、そこをはずさない。これは、スパイ小説として、基本中の基本である。

その上で、『密航定期便』では、移動の感覚が、重要なモチーフとなっていると思う。それは、主に西条が捜査のために移動するのだが、船あり列車ありだ。そして、移動は常に、登場人物と読者に不信感をもたらし不安を与える。非合法である日韓の密航ルートはもちろん、大阪駅で西と東へと向かう特急を待つ間の、即興の盗み聞きのシーンにせよ、夜行特急で西条に近づく韓国人（この男は、著者の生まれた町あたりを車窓から見ながら「流れ者ばかり多くタメ」と呟く）の姿にせよ、この小説において、交通の利便性とは、他者への不信を招くものとして在るように読める。

その行き着くところが、終章のあさかぜ号であることは、言うまでもないが、同時に、西条を不安から破滅へ追いやる、一連の移動の裏側には、半島から日本へ、日本から半島へという移動が存在している。（98年1月号）

逸品揃いのアンソロジー

エラリイ・クイーン編『黄金の13／現代篇』

『黄金の13／現代篇』／エラリイ・クイーン編宇野利泰他訳／ハヤカワミステリ文庫／1979年

どんなアンソロジーでも構わない。ある程度、歴史的通時的に俯瞰したものなら、どんな短篇ミステリのアンソロジーでもいいから、読んでみてほしい。一九五〇～六〇年代の（主にアメリカの）短篇ミステリが、いかにヴァラエティに富み、野心的で、素晴らしい作品を多く産みだしたかが、分かるだろう。

たとえば、エラリイ・クイーン編の『黄金の13／現代篇』。これはエラリー・クイーンズ・ミステリ・マガジン本国版の年次コンテストの、一九四五年から五六年までの第一席作品と、中断後の六一年のコンテストの第一席を収めたアンソロジーだ。

率直に言って、最初の五編はどうということはない。ジョルジュ・シムノン「幸福なるかな、柔和なる者」（四八年）は、さすがだが、シムノンの実力なら、このくらいは当然である。J・D・カー「パリから来た紳士」（四九年）を好む人もいるだろうが、これはマニアに内々で愛好されるべき短篇だ。

これ以降の後半が凄い。

まず、シャーロット・アームストロングの「敵」（五〇年）。前々回の『毒薬の小壜』の時に少し触れたので、ここではくり返さない。トマス・フラナガンの「アデスタを吹く冷たい風」（五一年）は、主人公テナント少佐の陰影のある造形と、舞台設定が、優に現代でも通用するレベルだ。スティーヴ・フレイジー「追うものと追われるもの」（五二年）は、マンハントの追跡劇を巧みに描いた佳作だが、後半の盛り上がりに欠けるので、このアンソロジーの中ではやや弱い。次のロイ・ヴィカーズ「二重像」（五三年）は、倒叙ミステリふうのパズルストーリイで、現代的な捜査小説のスタンダードを示すものといっていい。のちのコリン・デクスターのいたずらな複雑さとは、一線を画し、謎解きのエレガンスを忘れていない。エイヴラム・デイヴィッドスンの皮肉な「物は証言できない」（五六年）、コーネル・ウールリッチのシンプルなサスペンスとショックがみごとな「一滴の血」（六一年）は、ともに読みごたえある逸品だが、これらすら、少々平凡に見えてしまうのが、当時の短篇ミステリの恐ろしいところなのである。

そのことは、極めつけの二編、スタンリイ・エリン「決断の時」（五四年）とA・H・Z・カー「黒い子猫」（五五年）を読めば明らかだ。リドルストーリイの背後に、驚くほどの厚みを持ち、かつ、それをぎりぎりまで削ぎ落とした「決断の時」。誤って猫を殺したというだけの話に、危機に陥った主人公の心理の揺れと、その結果見えてくるものを、あますところなく描ききった「黒い子猫」。殺人はおろか犯罪さえ出て来ない、このふたつの小説に、コンテストの第一席が与えられていたという事実を、私たちは忘れてはならない。

（98年2月号）

短篇ミステリに関しては、東京創元社のウェブサイト上のWebミステリーズ！に連載している「短編ミステリ読みかえ史」で、これまでに書いたこと（本書収録の文章も例外ではない）もすべて含めて、思うところをまとめるという作業を進行中だ。本書の以降のページでも、短篇ミステリをあつかったところでは、頻繁にこの連載に触れることになるだろう。ＥＱＭＭ年次コンテストについては、とくに短篇ミステリの歴史を考える上で重要だと認識していて、「短篇ミステリ読みかえ史」でも踏み込んで書いているつもりなので、ぜひ、そちらも併せてお読みいただきたい。

恐怖の原点にたちかえって

ブラム・ストーカー『吸血鬼ドラキュラ』

『吸血鬼ドラキュラ』／ブラム・ストーカー平井呈一訳／創元推理文庫／１９７１年

怪奇小説は、本来、ミステリの一ジャンルとは言えない。十八世紀のゴシック小説が、現代の怪奇と恐怖の物語の源流というのが定説だから、ミステリの発生（定説では、十九世紀中葉のＥ・Ａ・ポー）よりずっと早い。実際、アメリカでは、ミステリとホラーとでは、読者層が完全に違うらしい。日本で、このふたつが、非常に近い隣接ジャンルになっているのは、戦後のある時期まで、専門的にそれらの小説の紹介につとめた早川書房と東京創元社のおかげで、また、両者を一括りにすることを良しとした、ミステリの読者の、伝統的な小説を受容する力(一例をあげれば、ミステリマガジンが、毎年一回幻想と怪奇の特集号を出すのを、多くの読者が楽しみにしていた)のせいであると私は思う。

もっとも、モダンホラーとくにスティーヴン・キング以降の恐怖小説に対する未整理さ加減は、混乱をきわめていて、ここらで一度、原点にたちかえっておいた方がいい。そこで、今回はブラム・ストーカー『吸血鬼ドラキュラ』を読んでみた。

この小説は大部だが、前半のテンポがのろく、都合のいいところ粗いところもあり、そのへんは、さすがに昔の作品である。話に調子が出てくるのは、ヴァン・ヘルシング教授が登場してからで、展開の仕方は冒険小説に近いものがある。この点に関しては、石上三登志が『男たちのための寓話』の中で、本書について記述した部分を読めば、それが、単なる偶然でないことが理解できるので、参照されたい。

もうひとつ注目したいのは、複数の登場人物の手記を組み合わせて、話を進めていく、その構成（訳者の平井呈一は、ウィルキー・コリンズの『月長石』の踏襲と指摘している）である。『吸血鬼ドラキュラ』では、小説の途中で、各人がばらばらにとっていた記録が、ひとつに編集されるくだりが出てくる。ここでは、得体のしれない怪異に対して、人は英知をもちよることで対処しようとし、そういう行為が〈科学〉なのだと考えられている。そこでは、科学という何か定義されたものが、先に在るのではない。まして、科学と超常現象がなんの緊張感もなく併存するといった、ある種の安易さとは、無縁である。このころの科学が夢に満ちていたと言ってしまえば、それまでだが、それは、いまでいう科学というものよりも、理性とかそういったものに近い、というよりも、その点が未分化だ。この感覚は、現代の怪奇小説にはないもの（ただし、だから良いとか悪いとか言っているのではない）で、それはやはり同じ形式で書かれた、スティーヴン・キングの『キャリー』を読めば分かるかと思う。（98年3・4月合併号）

最先端都市の真ん中で甦る恐怖

アイラ・レヴィン『ローズマリーの赤ちゃん』

『ローズマリーの赤ちゃん』／アイラ・レヴィン高橋泰邦訳／ハヤカワNV文庫／1972年

ブラム・ストーカーの『吸血鬼ドラキュラ』が書かれてから七十年後、処女作『死の接吻』以来十四年間小説を書かなかったアイラ・レヴィンが、『ローズマリーの赤ちゃん』を世に問う。一九六七年のことである。

ロマン・ポランスキー監督が映画にもしたから、そちらで御存じの方が多いかもしれない。

主人公のローズマリーとガイのカップルが、引っ越す家を探すところから始まる。お目当ての古い建物に空部屋ができ、そこに越すが、彼女の父親がわりの作家ハッチは、その建物に悪いいわくがあるので、入居に反対する。奇妙な隣人夫婦のふるまい、そこに同居する娘の自殺、ガイのライバルの失明など不可解な事件が続き、ローズマリーは悪夢を見る。そして、彼女は妊娠する。

非常にシンプルなサスペンスが横溢した、ホラーの名編だが、同時に、見逃せないのが、当時のニューヨークの最新風俗が、ふんだんに盛り込まれている（大停電が話題になり、ロングランになっている舞台「ファンタスティックス」のチケットが小道具として使われる、といった具合）ことだ。ローズマリーの夫ガイが、俳優であるせいもあって、ショウビジネス関係者も登場する。ニューヨークという、世界の最先端を自負する都会の、そのど真ん中での出来事であることが、このホラーの肝心な点だ。したがって、ニューヨークの生活ぶりを描くことは、どうしても必要不可欠になる。ただし、そのことは、ヴァン・ダインの『グリーン家殺人事件』において、グリーン家の屋敷が、ニューヨークのど真ん中にあったこととは、まるで意味あいが異なる。

ローズマリーは、オマハの熱心なカトリック教徒の家に生まれ育ち、新教徒というよりも宗教を重んじない（しかも姑はユダヤ人＝異教徒と結婚している）男と、聖職者抜きで結婚したため、家族と疎遠になっている。家族や宗教といった伝統的なくびきから切れている。そして、かわりに、先鋭的で近代的な風俗が、そのことを埋めている。ここがポイントだ。悪魔はそこにつけ込むのである。グリーン家のように、近代的な都市の真ん中に、過去の遺物がとり残されているのではない。近代的な都市の真ん中だからこそ、過去の脅威は甦ることが出来るのだ。そのとき、ユダヤ人の医療技術と、日本人のカメラという、近代科学技術は、あちら側の武器になる。

『ローズマリーの赤ちゃん』が画期的であったのは、おそらく。この点につきるのである。

（98年5月号）

二十世紀のミステリが描き続けてきたもの

アーサー・コナン・ドイル『緋色の研究』

『緋色の研究』／アーサー・コナン・ドイル深町眞理子訳／創元推理文庫／2010年

先日、友人と話をしていて、ウィルキー・コリンズの話題になった。ちょうど、彼が読んでいるところだったのだ。そこで、コリンズを洗練させると、ロバート・ゴダードになるんじゃないかと彼が言った。なるほどとうなずける意見だった。

一方で、最近訳された、J・D・クリスティリアンの『緋の女』に感心したのだが、十九世紀後半のニューヨークの暗黒街めぐりの趣が、ドイルの長編やコリンズ、モリスンといった、百年前のイギリスのミステリを連想させた。正確に言うと、当時のミステリの、伝奇的あるいは冒険小説的要素を背後から支えていた、闇の要素としての植民地の魅力だ。もちろん『緋の女』は、歴史小説もしくは歴史ミステリではあっても、現代の小説だから、その描き方に違いはある。だが、そこらをポイントに、あのころの小説を読み返すのも、意味のあることかもしれない。

というわけで、創元推理文庫版阿部知二訳の『緋色の研究』を手にとった。言わずと知れた、シャーロック・ホームズ初登場の作品。この小説は、前半のホームズの推理譚と、後半の、事件の原因となった、アメリカでの事件とに分かれている。この構成は、ガボリオにならったと、本書につけられた、中島河太郎の解説にある。被害者はアメリカ人で、つまり、事件はアメリカから持ち込まれたものだ。また、ドイツ語の単語が犯行現場に残され、容疑者の軍人はシャルパンティエという、外国ふうの名前である。これらの意味は意外と大きい。

『ブラウン神父の童心』の時にも書いたが、社会的に異なる種類（人種・宗教・階級・職業

etc.）の人間が、物理的に近くに混在する（それが都市に始まる近代社会の特徴だが）ことが、犯行の可能性を広げ、犯人を名ざすことの難しさと、それを証明する必要とをくっきりと浮きたたせる。ブラウン神父もので、犯人の職業で有名な一編があるが、あれで重要なのは、その職業の人間が犯人だったことではない。犯人がその職業に就きえたという事実が重要なのだ。さらに言えば、犯人がその職業に就かざるをえなかったところに、その小説の焦点はある。

チェスタトンのこの短篇の場合、人間の移動は職業の移動という社会的な移動だが、物理的な意味も含めて、アメリカに代表される植民地は、移動し放題の、過去を清算できる土地でもあった。もっとも、それはある種のロマンティシズムのようなものでもあって、事実としてのアメリカの姿が明らかになるとともに、小説として腐っていく部分が出てくることも、避けがたい。にもかかわらず、その部分が、いまだに妙に気にかかるのは、二十世紀（において、世界はアメリカ化していったわけだが）のミステリが、手をかえ品をかえて、まさに、その部分を描き続けてきたからにほかならない。

（98年6月号）

ご承知のとおり、創元推理文庫版のシャーロック・ホームズは、深町眞理子による全作改訳が進行中である。

冒険小説の原点

ダニエル・デフォー『ロビンソン・クルーソー』

『ロビンソン・クルーソー（上）』／デフォー平井正穂訳／岩波文庫／1967年

冒険小説は、現代ではミステリの範疇に入れられることが多い。だが、怪奇小説同様、ミステリよりも歴史が古いと考えられ、簡単に、ミステリの一部と言ってしまうことは出来ない。冒険譚の起源を遡っていって、どこまで辿れるものか、私は知らない。とりあえず、見当で、ダニエル・デフォーの『ロビンソン・クルーソー』を読んでみることにした。一七一九年の作品である。

一般に常識的に知られ、子ども向けの訳などでも読める――事実、私も何十年も前に、そうして読んだきりだった――あの孤島に漂着し生きのびる話は、『ロビンソン・クルーソー』の第一作目で、その後にさらなる冒険譚の第二作目と、現代ではほとんど顧みられない解説的な第三作があるらしい。岩波文庫版では、上下二巻に、それぞれ第一作、第二作が収められている。その上巻を読んでみた。

子どものころの印象では、無人島でのサヴァイヴァルと、ラスト付近の反乱を起こした船乗りたちの襲撃とその撃退が、強く残っていて、冒険小説のはしりと考えていた。しかし、再読というか完訳本で読んだ印象は、ずいぶん違う。ロビンソン・クルーソーの宗教観の変遷がウエイト重く、実際、この小説はひとりの不信心なプロテスタントが、信仰を自分のものにするプロセスそのものである。ただ、個人の力だけで聖書と向き合い、信仰を得る。絶海の孤島は、そのための、おあつらえむきのシチュエイションであった。

もっとも、プロテスタントの宗教的行為が、経済行為に結びついたことはマックス・ヴェーバーの教えるところである。訳者も指摘するように、ロビンソン・クルーソーは、数字に細かい。新大陸での植民地経営は、巨利を期待させ、一攫千金を夢見させる。その夢に向かって乗り出すのが個人の場合は、ただひとりの人間の力だけで、それを成すことになる。少なくとも、その神話を信じて大海に乗り出すことになる。『ロビンソン・クルーソー』が持つ、現代の冒険小説との類似点、あるいは、その原型として読まれる点というのは、そこのところだろう。

時代が下り、現代の冒険小説では、狂信者以外に熱心な信者は登場しづらい。また、冒険者が金勘定に細かいとは限らない。しかし、ヒーロー、ヒロインの個人の奮闘が、冒険小説の基本であることは、変わりがない。それをロビンソン・クルーソーから、宗教的側面を失ったととらえるか、そもそもロビンソン・クルーソーが、冒険物語のプロトタイプに、プロテスタンティズムをまとっていたと考えるべきか。このことは、しばらく宿題にしておきたい。

（98年7月号）

申し訳ないのだが、この稿を書いて十五年以上が経過した現在も、宿題は残ったままだ。というより、さらに申し訳ないのだが、そういう読み方はヤン・コット（本稿執筆後に『小説の学校』を面白く読んだ）とか、その後継者（誰だか知らないけど）にお任せしたというのが、正直なところだ。まことに申し訳ない。

〝奇妙な味〟の正体は

ロード・ダンセイニ「二壜のソース」

『世界短編傑作集3』／江戸川乱歩編／創元推理文庫／1960年

宮部みゆきの『火車』を読んだ時、犯人を最後まで描かないことが、作品の一番の趣向であることを承知の上で、この小説は、犯人の側から描かれることで、より迫力を増したのではないかと、考えたことがある。ただし、そうすれば、少なくともクライムストーリイになってしまい、へたをすると、普通の小説にすらなりかねない（それで構わないと私は思う）。ミステリ、とくに謎解きミステリは、構成の形式で定義され分類される。そして、確かに、その形式自体にも魅力はあるのだが、それは、もう少し細かく点検してみると、どうなるのか？

ロード・ダンセイニの「二壜のソース」は有名な短篇で、創元推理文庫の名アンソロジー『世界短編傑作集』の第3巻で読める。著者紹介には「いわゆる推理小説でいう『奇妙な味』

の代表作」とあり、中島河太郎の解説には「奇妙な味をたたえながら、推理の常道を踏みはずそうとはしていなかったのである」とある。

奇妙な味というのは、実態が伝わりにくいわりには重宝な言葉で、こう言うしかない。ただし、奇妙な味の作品が、必ずしもパズルストーリイであるとは限らないし、実際、そうでないことが多い。だが「推理の常道を踏みはずそうとはしていなかった」というのは、この小説が、安楽椅子探偵のパズルストーリイであることを、指しているのだろう。パズルストーリイとしては、解決部分を極端に省略し、論理のアクロバットだけを残したのが、たいへんチャーミングである。チャーミングすぎるかもしれない。

問題は「二壜のソース」が持つ奇妙な味が、なにゆえに生じたものなのかということだ。犯人の用いたトリックが奇妙な味なのか？　もしそうなら、犯人の側から、クライムストーリイとして、このトリックを描いても、奇妙な味になるはずだ。そう考えた時、この小説の奇妙な味の正体が、トリックそのものではなく、犯人がこのトリックを用いるためにやらねばならなかった、木を切り倒すという行為の意味に気づいたことで、生じたものだと分かる。それは、探偵のリンリイ氏が気づき、語り手の私が気づき、読者が気づいた、その時に生じたものだ。

同時に、それは、まぎれもなくチャーミングな論理のアクロバットであり、そのことをもっとも効果的にするという小説家の計算が、解決部分の極端な省略という典雅な結末をも産み出した。あまりに典雅なので、解説でわざわざ指摘しておかなければ、謎解きの型をとっていることを、見過ごされるおそれさえあるものになった。

むろん、この奇妙な味をクライムストーリイで出すことも、不可能ではないかもしれない。その場合、犯人がそれに気づく、すなわち、このトリックを実行するには木を切り倒さねばならないと思いつく瞬間が、ポイントになるにちがいない。ともあれ、パズルストーリイは、三〇年代にして、クライムストーリイとこれほどまでに紙一重のところで成り立つものになっていたのである。

（98年8月号）

安吾捕物帖ベスト5

坂口安吾『明治開化安吾捕物帖』

『明治開化　安吾捕物帖』／坂口安吾／角川文庫／２００８年
『続　明治開化　安吾捕物帖』／坂口安吾／角川文庫／２０１２年

長年関心は持っていて、いつか読もうと思いつつ、そのままになっている世に有名な本というのがあって、私の場合、坂口安吾の『明治開化安吾捕物帖』も、そういう一冊だった。それで、この連載を機に読んでしまおうと、ちくま文庫版『坂口安吾全集』の第十二巻と第十三巻に全編収録されているものを、半年ほど前に手をつけたのだが、これがつまらない。冒頭の「舞踏会殺人事件」「密室大犯罪」と空振りつづき。一度、放り投げた。

今回、リターンマッチを試みたのは、解題に、これまた有名な「読書への口上」の未発表部分が紹介されていて、そこに、五作目の「万引き一家」で、安吾自身が手応えを得たとあったのに気づいたからだ。実際、「万引き一家」は、それまでの、やたらゴタゴタした、作品全体の慌ただしさが薄らぎ、他愛のない万引きで蔵を一杯にする不思議な家族の肖像を、丹念に描くことで、読者の事件への興味を巧みにつないでいく。ちなみに「読者への口上」の未発表部分は、流布している口上の前に置かれるべく書かれた、かなり長い量の文章で、短篇のパズルストーリイに関する考察としても、一読の価値あるものとなっている。

一応、私なりにベスト5を選んでおくと、「万引き一家」「覆面屋敷」「冷笑鬼」「乞食男爵」「トンビ男」となる。創元推理文庫『日本探偵小説全集10　坂口安吾集』では、このうち「万引き一家」以外の四編を含む九編が採られている。

シリーズ当初の息苦しさは、小説の大半を、推理パズルの問題とのみ考えていて、過不足のない手がかりを読者に見破られないよう散らばらせることだけに、心を砕いた結果だろう。事件が起きた後で、そのてんまつを海舟に語るという設定も、足を引っ張っている（この趣向は後半では無視される）。それは、パズルストーリイの読者は、小説を推理問題として読むという誤解から発した態度と考えられる。実際は、パズルストーリイの読者は、推理するためのデータとして、その小説の解決までの部分を読んでいるわけではない。結末で解かれるではあろうが、それまでは不可解な、ある奇妙さにつられてページをめくるのだ。

「万引き一家」「覆面屋敷」「冷笑鬼」などが面白いのは、奇妙な家族の来歴が、軽妙巧みに描かれている点が大きい。これらを読んでいて思い出すのは、名作『不連続殺人事件』の第一章だ。複雑に絡みあった関係の多数の登場人物を、力でねじ伏せるようにして紹介してしまう。その魅力に通じるところがある。同時に、『不連続』は、長編であったおかげで、それが事件の幕開き前の準備にすぎなかったのに、『明治開化安吾捕物帖』は、短篇ゆえに、そこに事件と手がかりまで、折り込まねばならない。

　謎と解決がスッキリとした「トンビ男」については、前述の日本探偵小説全集の都筑道夫の解説が示唆的だが、不幸にして、海舟以下の脇役を安吾が省いたのは、「乞食男爵」とこれの最後の二編においてだった。

（98年9・10月合併号）

極上のサスペンス

ボワロ&ナルスジャック『呪い』

『呪い』／ボワロ&ナルスジャック大久保和郎訳／創元推理文庫／1960年

オールタイム・ベストテンの類いや、年間ベストワン（スリーでもいいか）に選ばれるといったことは、ほとんどないが、その作品のどれをとってもハズレることが少ないという、尊敬すべき作家がいる。アンドリュウ・ガーヴしかり、ドナルド・E・ウェストレイクしかり。フランスのふたり組のサスペンス小説家ボワロ&ナルスジャックも、また、しかりだ。こういう作家が忘れられてはいけない。『呪い』は、創元推理文庫で二百五十ページあまりの小品。六一年の作品である。最近は、そうでもないかもしれないが、フランスのミステリは概して短かい。それが、薄味でちゃちと出るか、コンパクトでシャープと出るかが、分かれめといえる。

話は、シンプルだ。主人公のローシェルは、大西洋岸の田舎町で獣医を開業している。妻のエリアーヌとふたり暮らし。彼は、対岸の島に住む、アフリカ帰りでゲパール（チータ）を飼う未亡人の画家ミリアンと知り合い、関係を結ぶようになる。このミリアンという女は、アフリカ時代に呪術を使って夫を死に到らしめたと噂されたことが、慎重にほのめかされる。そして、三角関係の打開をしぶるローシェルをしりめに、エリアーヌには、不思議な事故が次々と起こり始める。

おとなしく平凡な妻と、我が強い芸術家で猛獣を飼い呪法を使うかもしれない美女（なんと、あからさまなまでに対照的なこと）との三角関係という、ある種ありきたりな話を、魅力的にしているのは、日に二回、干潮時に道が通り、その時だけ、女の住む島と行き来が出来るという設定だ。ある時は強い雨の中、ある時は穏やかな夜に、車でこの海の道を往復する主人公の動きは、そのまま、ふたりの女の間を揺れ動く、主人公の心の動きを表している。獣医という設定も活きていて、自然や動物の描写が、主人公の在りようを示す、小説の重要な要素として、サスペンスを盛り上げるのに一役かっている。

『呪い』はサスペンス小説として、間然するところがない作品だが、それを成立させているのは、主人公と妻との、すれ違いである。そのことは、小説の大半を占める彼の手記の部分で、まず主人公のひとりよがりとして、暗黙裡に示され、最後に、切ないまでの鮮やかさで、小説の結末として開花する。みごとなものである。

こんなに面白い小説が、おそらく品切れとなる運命であり、同コンビの傑作『私のすべては一人の男』など、私が古本屋で入手して（そして、それ以外のところでこの本を目にしたことがない）読んだ二十五年前から、ずっと入手不能のままだ。何とかならんものか。

（98年11月号）

予想通り『呪い』は品切れである。その後『私のすべては一人の男』を読み返して、それほどの傑作とは思えなかった。だからといって、あの小説が入手不能なのを、何とかならんものかと思うことに変わりはない。

最後の一行が持つ感覚

サキ「開いた窓」

『サキ短編集』／サキ中村能三訳／新潮文庫／1958年

ハヤカワポケミス版のロアルド・ダール『あなたに似た人』の解説を、都筑道夫が書いていて、そのタイトルが「サキ、コリア、ダールの系譜」といった。蛇足ながら、コリアというのは、ジョン・コリアのことである。この三人を結ぶのは、ジャーナリスティックな解説としては分かりやすく、とくに、ダールの本格的な初紹介の文章だから、適切といえるだろ。

だが、逆に、ダールやスタンリイ・エリンといった、サキの後輩格である異色作家短篇集の作家群が、ミステリ作家として認知されている（ダールもエリンもMWA賞を獲ている）から良いものの、そうでなかったら、サキを、この欄で扱う気になったかどうか。人とミステリの話をしていて、サキが話題になることは、ほとんどないように思う。その点では、アンブローズ・ビアスもそうだ。

中身に関しては、まず誰にでも安心して推薦できる。たとえば、代表作の「開いた窓」である。アンソロジーにも入っているだろうが、入手しやすいのは、新潮文庫の『サキ短編集』だろうか。ショートショートといってよい長さだから、あらすじは書かない。これが第一次大戦前の小説というから驚く。もっとも、その驚きは、意外に根の深いものがある。

「開いた窓」は、すでに多くのショートショートが書かれ、そして読まれた時代では、それら無数のショートショートとの差を、判別されない可能性がある。それは少し困る。ここから先は、注意して書いていくけれど、出来れば、「開いた窓」を読んでからにしていただきたい。

この小説は、まず順序が違うように感じる。つまり、姪の口から伯母の狂気が語られ、しかるのちに、実際の狂気が描かれる。常識的な（あるいは平凡な）ショートショートは、狂気なり超自然を結末に持つ。でなければ、狂気なり超自然に見えたものが、作為であったことが結末で判明する。そして、常識的な（あるいは平凡な）ショートショートは、そこで終わる。「開いた窓」は、そうではない。何が狂気で何が正常か、誰が狂気で誰が正常か、それが、何重かのドンデン返し（伏線も巧い）で確定した後に、狂気も正常もともに、日常的などこにでもあるものとして認識される。特に、ラスト一行の持つ感覚は、非凡なものがある。こういう感覚は、オチを技術的に作るという発想からは、出てこないものであり、そこにこそ「開いた窓」の永遠の新しさがある。
（98年12月号）

この連載における、サキと「開いた窓」についての考察は、きわめて不充分なもので、本来なら、この稿は削除すべきかもしれない。しかし、拙い回だからといって削るのは公平ではないとも言えよう。「いいもわるいも、満ちたるも欠けたるも、それは私自身にほかならない」として「傑作ならざる作品も痛恨の敗局も」傑作選を名乗る自らの打碁集に収録した、趙治勲二十五世本因坊を師として、この稿に関しては、初出のまま手を入れずに掲載することにした。サキについての私の見解は、Ｗｅｂミステリーズ！の「短編ミステリ読みかえ史」第三回をお読みいただきたい。

アンブラーが亡くなりましたね

エリック・アンブラー『あるスパイへの墓碑銘』

『あるスパイへの墓碑銘』／エリック・アンブラー小西宏訳／創元推理文庫／1961年

イギリスの作家エリック・アンブラーが亡くなった。日本でも、一応、新聞に死亡記事が出たし、朝日にいたっては、天声人語でも取り上げていた。しかし、この作家の日本での遇されかたは、あまり温かいものとは言えない。読もうにも、ほとんどが入手困難なのである。

代表作は『ディミトリオスの棺』や『真昼の翳』とされているようだが、どちらも、書店に行って簡単に手に入るという本ではない。それに、『ディミトリオス』はともかく、『真昼の翳』は、MWA賞を取っているから名前はあがるが、各務三郎の評価がなかったなら、日本での理解という点に関して、どうなっていたことか。

丸谷才一や中薗英助が賞賛し、スパイ小説の大家として、ファンの間で名前は記憶されていても、では、アンブラーの小説が、本当に、日本の読書家に楽しまれていたのかと考えると、どうも疑わしい。そんな状況である。とりあえずで結構だ。『あるスパイへの墓碑銘』を、手にとっていただきたい。

南仏のホテル。主人公の語学教師が、道楽である写真のフィルムを現像すると、撮った覚えのないツーロン軍港の写真が混じっている。ホテルでカメラが取り違えられたらしい。スパイの嫌疑をかけられた主人公は、警察の恫喝を受け、本物のスパイを探すための手下となる。ホテルには、フランス人はもちろん、スイス人、ドイツ人、イギリス人、アメリカ人といて、誰が目標のスパイなのか分からない。

『あるスパイへの墓碑銘』が、日本でくり返し出版されたのは、フーダニットの謎解きものとしても読める構成であったことが、大きいと思う。しかし、フーダニットであると同時に、グランドホテル形式であるこの小説は、各人の過去が衝突するドラマでもある。

そもそも、主人公の無国籍性が持つ不安感が、重大なモチーフとして、ここにはある。共同体というと、即〈日本という国〉と反応してしまいがちな私たちは、慎重にならねばならない。国家とは妥協の産物であり、それ以前に（あるいは、それ以外にも）人種があり民族があり宗教があるという、ヨーロッパの現実を押さえたい。それらおのれの出自を保証するすべてを裏切り、代わりに拠って立つものが金だった。この小説の墓碑銘は、まず、そう読まれるべきである。もちろん、それは、「一九三八年の話である」のだが、そこまでくると、その後のアンブラーの歩み、つまり、二十世紀のスパイ小説史の問題となる。それは、いつか別のスパイ小説の回で、また。

(99年1月号)

ハイスミスの原点

パトリシア・ハイスミス『見知らぬ乗客』

『見知らぬ乗客』/パトリシア・ハイスミス青田勝訳/角川文庫/1998年改版

昨秋の角川文庫の復刊フェアで、パトリシア・ハイスミスの処女長編『見知らぬ乗客』が、ようやく一般的に入手可能になった。喜ばしことである。私もこの作品を読み逃していたクチだ。

新保博久が解説で、パトリシア・ハイスミスは代表作をしぼりにくいと書いていて、それは事実だと思う。しかし、今回『見知らぬ乗客』をとりあげたのは、これが代表作だと考えたからではない。正直に言うと、軽視は出来ないけれども、高水準のハイスミス作品の中で、上位に来るとは思えない。『見知らぬ乗客』には、随所に、ハイスミスならば、もう少し踏み込むはずと、思わせるところがある。だが、なんのことはない、そう考えるのは、のちの踏み込んだ作品をすでに私が読んでいるからなのだ。

列車に乗り合わせたふたりの男の一方が、交換殺人をもちかける。お互いの殺したい相手（建築家のガイは他人の子を身ごもった浮気者の妻。富豪の息子チャールズは自分を支配する父）を交換し、相手がアリバイを作っている日に殺人を実行する。少々ぶっそうではあるが、世間話にすぎないはずのものが、ただごとでなくなるのは、チャールズが、本当に、しかも勝手に、ガイの妻を絞め殺してしまうことから始まる。さらに、チャールズは、ガイに約束（したつもりはガイにはない）の殺人の履行を迫り、ガイが拒否すると、彼の身辺につきまとう。

ハイスミスという作家は、道徳あるいはもう少し広くとって規範というものが、人間に何をどのようにおよぼすものかを、でなければ、それに影響されない人間を、描き続けたといえる。この作家は「わたしが書いているのは、ほとんど中流階級の人間で、そういう人は、自分が何をやったのかちゃんと心得ているわ」と語っているが、その言葉に反して、書いたものには、自分の行為の意味を心得ることの出来なくなった、ほとんどアノミー状態の人が、ごろごろ出てくる。

瑕や踏み込み不足があっても、『見知らぬ乗客』には、ひとつ、素晴らしいところがある。交換殺人という、箍のはずれたアイデアは、列車という二十世紀に飛躍的に発展した文明の利器がもたらす移動の中で、実現の種子がまかれ、ひとりの箍のはずれた男が、もうひとりの人間の心の箍に手をかける。この設定がもたらす意味とイメージは、ちょっと見以上に、ある強さを持っている。ハイスミスの描くサスペンスが、作家の意志を超えて、現代人の不安定さを描くことになった、その第一歩が、列車に乗り合わせた「見知らぬ乗客」の話であったのは、まことに象徴的なことなのだった。

（99年2月号）

この稿で引いたハイスミスの発言は、ダイアナ・クーパー・クラークによるインタビューで、邦訳がミステリマガジン一九九五年六月号に掲載された。

ＳＦか？　ミステリか？　それともＳＦミステリか？

アイザック・アシモフ『鋼鉄都市』『はだかの太陽』

『鋼鉄都市』／アイザック・アシモフ福島正実訳／ハヤカワＳＦ文庫／１９７９年
『はだかの太陽』／アイザック・アシモフ小尾芙佐訳／ハヤカワＳＦ文庫／２０１５年

アイザック・アシモフの『鋼鉄都市』『はだかの太陽』が、ＳＦとしてもミステリとしても傑作だというのは、本当のことだろうか。

遠い未来。人類は、人口の増加を、都市への集中による合理化で乗りきろうとし、超過密都市に閉塞しながら生きている。地球は、全宇宙の中でも、劣位に置かれ、地球人自身も、もとは自分たちの先祖が宇宙植民に出たその子孫である宇宙人に、劣等感を持っている。そんな地球で暮らす刑事ベイリは、警視総監から宇宙人惨殺の捜査官に指名される。宇宙人側は、彼のパートナーとして、ロボットのダニールをシティに寄こす。

これが『鋼鉄都市』の発端だ。もし地球人が犯人だとすると、一度シティのドームを出て、荒野をひとりで宇宙人の居住地区に行かねばならない。しかし、過密に慣れた地球人は、空間に対する忌避感が強く、ドームを出ることなど、考えもつかない。

こういう、現実のものと異なる、フィクショナルな人間の性質を設定し、それを利用して不可能犯罪の状況を作るのは、『はだかの太陽』も同じだ。何をやるにもロボット任せで、極端に対人接触を嫌う、惑星ソラリアの住人には、どう考えても実行不可能な、直接的な撲殺事件が、人間への危害を看過できないロボットの面前で起きたという、二重の不可能興味が、そこにはある。

確かに、それらは魅力的な謎であるかもしれないし、そして、見事に解決されているかもしれない。だが、その解決は未来社会のルールの盲点をついたものだから、そもそも、そんなルールに通暁していない読者には、名探偵の解決も、未知のルールの例外が、ひとつ分かっただけにすぎない。

こう書くと、この二作がつまらない小説だとお思いだろうか。ところが、そんなことはないのである。『鋼鉄都市』『はだかの太陽』が、ミステリであることの素晴らしさは、どんな世界にも固有の論理がある、という認識に、ベイリが到るところにある。『鋼鉄都市』の地球人は、論理が短絡し、異質なものとのコミュニケーションを極端に拒んでいる（現代の日本の戯画かと思うほどだ）。そういう、未来における人間の変容の描写は、センス・オブ・ワンダーに満ちている。そして、ベイリは、そんな地球人から脱することで、ヒーローとなった。どんな世界にもルールはあり、生命はそれに論理的に従う。アシモフは、ミステリが根本に持つこの神話を受け入れ、結果、素晴らしいＳＦを書いたのである。
（99年３・４月合併号）

この原稿を書いたときは、すっかり忘れていたのだが、かつて、日本語版ＥＱＭＭで都筑道夫が未訳ミステリの紹介をしていた「ぺいぱあないふ」欄の、『火星人ゴー・ホーム』をとりあげた回で、『鋼鉄都市』の設定を、アメリカに占領された日本のアナロジーとして読んでいたことがあった。私がここで書いたこととは、まったく異なる読み方で、しかも、どちらもアシモフが意図したとは、考えがたいのだが、妙に日本もしくは日本人とダブルイメージになってしまうようである。

ソフィスティケイション

J・D・サリンジャー「バナナフィッシュにうってつけの日」

『ナイン・ストーリーズ』／J・D・サリンジャー野崎孝訳／新潮文庫／1974年

サリンジャーがミステリ作家か？　と問われると、私も困る。しかし、たとえば、「バナナフィッシュにうってつけの日」に、なにかミステリの賞を授与するといった事態に到ったなら、喜んで賛同するだろう（作者がそれを喜ぶかどうかは、また別問題だが）。

「バナナフィッシュにうってつけの日」は、抑制の効いた、短篇小説のお手本のような佳品である。

ホテルの一室（すぐにフロリダだと分かる）で、ニューヨークへの長距離電話が通じるのを待つ女の姿が描かれる。彼女は金持ちで育ちの良いことが、そのことに対する、少々いじわるな視線でもって浮き彫りにされる。電話の相手は彼女の母親で、その会話から、彼女がハネムーンに来たらしいこと、両親がともに、新郎に不信感を抱いていること、それも、具体的な危機に相当するものがあったらしことが慎重にほのめかされる（また、彼女たちはユダヤ系かもしれない）。婚約は数年前になされていて、夫となった男は、その間ヨーロッパ戦線、つまりドイツへ送られている。母親があからさまに口にし、彼女もそう感じているのは、彼がその戦争で人が変わってしまった、あるいは精神を病んでしまったように見えるということだ。

場面が変わり、ホテルの砂浜で、小さな女の子が、母親から、日焼けどめを塗ってもらっている。これまた巧妙に、女の子が、新郎を知っていることが示され、すぐに、ふたりが出会う。男は、予想どおり気まぐれな男に見えるように描かれ、女の子を浮き輪に乗せて沖へ沖へと出ていく。バナナフィッシュという欲深な魚の話をしながら。

この短篇は、戦争体験を持つ人間が、それを持たない人間に対して、あるいは、戦時の体験の衝撃が抜けることのない人間が、平時に対して感じる疎外感を、シャープに描いた逸品である。そんなことは直接一言も語らずに。というより、直接語ることの出来ない絶望という形で描くことで、それをなし遂げている。

一九四八年一月、この作品は、ニューヨーカーに掲載された。私が、この短篇をミステリに近しく感じるのは、おそらく、その洗練されたサスペンスのためだろう。だが、大切なのは、

これがミステリであるかないかではない。このソフィスティケイションを、ミステリが忘れないことなのである。（99年5月号）

Ｗｅｂミステリーズ！連載の「短編ミステリ読みかえ史」第四十八回において、「バナナフィッシュにうってつけの日」とスタンリイ・エリン一九七一年の短篇「清算」の二作を俎上に、ふたつの戦争とふたつの浜辺の違いを論じているので、そちらもお読みいただきたい。「バナナフィッシュ」にはいくつもの邦訳が存在するが、柴田元幸訳はその巧みさにおいて一頭地を抜いていると思う。

『月長石』の新しさ

ウィルキー・コリンズ『月長石』

『月長石』／ウィルキー・コリンズ中村能三訳／創元推理文庫／1970年合本改版

ロバート・ゴダードが、小説作法の上で手本とした一人が、ウィルキー・コリンズである。

読み比べてみれば、それなりに、思い当たるフシがなくもない。ただし、コリンズの語り方と、ゴダードのそれとは、根本部分で決定的に違いがあるように思える。

コリンズの長編は『白衣の女』『月長石』という代表作のふたつが、簡単に読める。それぞれに一長一短あるが、狙いと面白さがシンプルで、読みやすいのは『白衣の女』だろう。『白衣の女』はスリラーで、『月長石』はディテクションの小説だとする説もあるが――そして、その説にも一理はあるが――『月長石』の謎解きは、現在の眼から見れば、幼稚なものである。『月長石』の企みは、各部分を受け持つ、それぞれの語り手が、自分の意図しないことを読者に顕してしまうところにある。難点こそあれ、そこはすこぶる新しい。もっとも顕著なのは、熱心な国教会信者クラック嬢の章である。コリンズ自身が一八七一年版の序文で、連載中一番ウケたと書いている。人々を折伏することしか頭にない、敬虔なあるいは宗教かぶれのおばさんの一人称が、かえって彼女のズレ加減を明らかにする。

彼女の部分は、その意図をくみやすいが、『月長石』を人がほめる時に、その人物造形が引き合いに出されるベタレッジ老人の章にしても、単純な記述にはなっていない。そもそも、この老執事は、生涯の座右の書が、聖書ではなく（クラック嬢からは異教徒呼ばわりされる）

『ロビンソン・クルーソー』で、しかも、自分のクリスチャニティにこだわる。そこに、マックス・ヴェーバーふうの解釈は持ち込まないにしても、彼がイラストで描かれる時に、聖職者のように見えることを、コリンズが望んだということからも、クラック嬢との対比を意図していたように私は思う。謎解きの面でも、カッフ部長刑事に、必ずしも忠実ではなく、むしろ彼をミスリードするように（だが、そのことをあまり意識せずに）重要な事実を伏せ続けている。

『月長石』の新しさは、このように、一人称の記述は常に記述者の主観の支配下にあるという点を、様々な局面で利用しているところにある。確かに、その意図の斬新さのわりに、それを実現する技術は古めかしくも、あっさりとしている（そこが難点だ）。だが、同様な手法の『白衣の女』やブラム・ストーカーの『吸血鬼ドラキュラ』、そして百年後のゴダードの小説と比べても、『月長石』には、現代性の萌芽があるように思う。

（99年6月号）

■第二部

二十世紀スリラーを予見する秀作

オノレ・ド・バルザック『暗黒事件』

『暗黒事件』／バルザック柏木隆雄訳／ちくま文庫／2014年

私は新潮文庫のリヴァイヴァル版を入手して読んだのだが、バルザックの『暗黒事件』は、現在、どういう形で手に入るのだろうか。藤原書店から今年刊行が始まる人間喜劇の選集には、入っていないようだ。新潮文庫版は翻訳が古く、読みづらいのだが、いたしかたない。

帝政時代の一八〇三年。革命中はジャコバン派でならしたミシウという男は、その非情さで、近隣の人々から恐れられていた。ナポレオンは、国内に革命派と王党派をかかえる一方、対外戦争に忙しく、政情安定とは、お世辞にも言えない。物語の舞台、ゴンドルヴィル荘園は、革命に乗じて、元国民公会議員のマランという男が、シウムズ侯爵家から乗っ取り、ミシウはその猟小屋で暮らしている。シムウズ家の双子の兄弟は国外逃亡中で、その兄弟を愛するロォランスは、旧領地と地位の回復をねらう。そんなところへ、怪しい二人組、コランタンとラ・ペイラドがやって来る。彼らは内務警察官僚の切れ者フーシェの懐刀だった。

第一篇の人物紹介の部分こそ、古めかしくもかったるい。というよりも、その部分が、二十世紀のスリラーで、もっとも発達したところだと、いまにして思う。だが、そこさえ乗りきれば、いきなりサプライズから入る展開に恐れいる。第一篇の警察側の襲来の後、第二篇は一八〇六年。亡命していた兄弟の帰還と、財産の発掘、それと時を同じくして、マランの誘拐事件が起こる。ところが、貴族側はこれに関与していないにもかかわらず、誘拐犯の嫌疑を受け、第三篇で裁判となる。

この小説に出てくる、警察のコランタンは、のちの『浮かれ女盛衰記』で、暗黒街の怪物ヴォートラン（ヴィドックがモデルらしい）と対決する。その対決と決着には、十九世紀の小説とは思えない現代性を持った鋭さがある。あるいは、二十世紀の世界が目を瞑ってきた真実と言おうか。そして、その点は、百年を超えた時を経て、英国の劇作家ニコラス・ライトが同作を脚色した「ヴォートリンの犯罪」で、より強調されることになる。ついでに書いておくと、「ヴォートリンの犯罪」の八八年本邦初演では、ふたりを吉田鋼太郎と田代隆秀が演じて、しびれるような舞台を創った。

不安定な権力中枢の内実と、そこでの暗闘。そして、それに巻き込まれる人々の恐怖。そうしたものを描く、現代のスパイ小説・政治スリラーの起点となったのが、のし上がった人間（あえて言えば平民）が権力を手に出来るという意味での、フランス革命であったことを、この『暗黒事件』は示している。そして、それは二十世紀の小説の、ある部分を予見することでもあった。この小説が連載されたのと同じ一八四一年、わずか二カ月後に、海を越えたアメリカで、同じ予見的な、ある短篇小説が発表されている。その作品については、次回に。

（99年7月号）

推理小説の歴史、始まる

エドガー・アラン・ポオ「モルグ街の殺人」

『ポオ小説全集3』／田中西次郎他訳／創元推理文庫／1974年

前回とりあげたバルザック『暗黒事件』の新聞連載が、一八四一年の一月から二月にかけて。

その年の四月、エドガー・アラン・ポオが発表したのが「モルグ街の殺人」である。ご承知のとおり、推理小説の歴史はここに始まるというのが、定説である。

「モルグ街の殺人」には、ミステリとしての大きなチャームポイントが、ふたつあると思う。そして、そのチャームポイントの上に、真犯人が××であるというカラクリが成り立っている。第一のチャームポイントは、事件が密室殺人であるということだ。人の出入りが不可能だと見られる状況で、ふたりの女性が惨殺される。そのことは、作中でも積極的にデュパンによって議論の対象にされる。もうひとつのチャームポイントは、犯行現場から聞こえた声に関して、関係者の証言がくいちがう箇所だ。このことも、また、推理の重要な対象である。そして、この二点について推論を重ねることで、デュパンは真相に到達するのである。

従来の評価をながめてみると、前者のチャームポイントに、ウェイトがかかりすぎているように、私には見える。前段落の文章を見ていただければ分かるが、「密室殺人である」と、わずか七文字で説明できる簡潔さは、人の口の端にのぼりやすいのだろう。それに比べれば「何人もの人間が犯行現場で何者かの声を聞き、ある人はスペイン語のようだといい、またある人はイタリア人だといい、ドイツ語にも、イギリス人の言葉にも、フランス人のようにも聞こえた人がいて、しかも、その声を聞いた人はすべて、何語のようであったとは答えられても、その人自身は、その言葉を解さなかったので、言葉の意味は分からない。その奇妙さと、そのことに合理的な解決を与えるカタルシス」と説明することの、なんと、ややこしいことよ。

これらのチャームポイントが、双方ともにあるがゆえの評価であることは前提として、あえて比較するなら、謎の魅力、解決の驚きともに、前者より後者の方が秀れると、私は考える。言葉さえ通じない人々が多数隣接しうる社会で、利害の絡んだ、ある謎が生じた時、理性的な行動でその謎を解くことが、解決となる。この神話を主張することと、それを実行するヒーローを描くことで、ミステリは生まれ、育った。

『暗黒事件』が、現代のミステリにどんなに酷似していようと、ミステリの起源となりえなかったのは、この謎を解く人を描かなかったため、人が謎を解きうることを示すことがなかったためなのである。

（99年8月号）

などと最後の三行は力が入っているが、なんのことはない、昔、昔、中島河太郎先生もおっしゃっていたことであったと、改めて気づく恥ずかしさ。

数奇な運命とは

ウージェーヌ・シュー『さまよえるユダヤ人』

『さまよえるユダヤ人（全二冊）』／ウージェーヌ・シュー小林龍雄訳／角川文庫／1951年（上）1952年（下）

神話とまでは言わない。シェイクスピアあたりまで、遡ってもらえれば、簡単に分かるだろうが、艱難辛苦と並んで、物語の有力な構成要素に、数奇な運命というのがある、つい半世紀ほど前までは、伝奇小説などに見ることができた。いや、いまだって、もしかしたら力を持つかもしれない。

ウージェーヌ・シューは、十九世紀半ばのフランスに、新聞小説流行を巻き起こした（デュマなども、それにのったという）。『さまよえるユダヤ人』は、角川文庫創刊四十周年記念のリバイバルコレクションに、大衆小説から選ばれたことで話題になった。ナント勅令が廃止されることで、勅令によって弾圧されたユグノーが他国に逃れる際にフランスに残し、ユダヤ人に運用を依頼した財産が、百五十年後に子孫に分与されることになる。勅令廃止を目前に、相続資格を証明するメダルを持った人々が、世界中からパリに向かう。その事実を察知したエスイタ会（イエズス会）の一派は、策略のかぎりを尽くし、相続者たちのパリ入りを妨害する——という内容は、伝奇小説以外の何者でもない。

誤植が多い。しかも、小説の根本部分で背景となっている、フランスにおける新教と旧教の対立を「大した興味ある問題ではない」と捨て去るところなど、半世紀前であることを差し引いても、翻訳家の態度に、遅れたものを感じる。それらは、翻訳出版としての問題だが、さらに、現代の読者が唖然とするだろうことは、作中に出てくる偶然の多さだ。小説でも映画でもドラマでも、いま、こんな話を書けば、御都合主義と悪罵を浴びるのは、必至である。

しかし、たとえばシェイクスピアの『ペリクリーズ』の偶然を、数奇な運命と許せるとして、それでは、なぜ『さまよえるユダヤ人』を、そうは感じないのか？

『さまよえるユダヤ人』は、人間対人間の話であり、陰謀は人間の手によって仕組まれ、人間に対して仕掛けられる。そこに人智を超えた偶然が入ることは、単なる御都合主義にすぎない。仕組む側から見れば、神だのみをせずに、計画・実行するのが、近代人だからだ。さらに、その仕組みを、人は看破しうると主張するのが、ミステリの初心である。そこでの偶然とは、都筑道夫流に言うなら、人為による必然から、選りわけられる対象でしかない。それは、あくまでも偶然であって、運命ではない。
人は世界を必然の連続として理解したがる。ミステリを通過した私たちは、その必然の連続が、なんらかの特別な形で裏切られた瞬間にしか、数奇な運命という言葉を、受け入れることが出来ない。にもかかわらず、おそらく、物語をむさぼる私たちは小説の中の数奇な運命が大好きだ。困った。困った。

（99年9・10月合併号）

内田樹・中田考の『一神教と国家』を読んでいたら、内田樹が「政教分離は一九世紀末ですけれど、あの時期のフランス文学を読むと、ここまで悪く言うかっていうくらいイエズス会が悪者にされてますから」と指摘していた。本書は、その走りということになるだろうか。内田樹のこの指摘は、近代国民国家が成立する過程で排斥・攻撃したクロスボーダーな存在として、イエズス会を、ユダヤ人、東インド会社と並んであげたものだ。こうした、国境を超えた悪役のイメージは、フィクションの度合いを強めながら、モリアーティ教授を経て、スペクター、スラッシュへと継承されていく。すなわち、悪の組織による世界征服である。ここにも、冒険小説の背後に近代国家（と、その発展を支えた帝国主義）の影を見ることが出来る。

チェーホフの七転八倒

アントン・チェーホフ『猟場の悲劇』

『チェーホフ全集2』／アントン・チェーホフ松下裕訳／ちくま文庫／1994年

今回の文章を読むと、チェーホフの『猟場の悲劇』の結末が分かってしまう人がいるかもしれない。その点、留意されたい。

たとえばアガサ・クリスティの『アクロイド殺し』を思い浮かべてほしい。それに、レギュラー探偵役として、エルキュール・ポアロが登場しない場合を。作家は、読者に犯人を暴露する方法に四苦八苦するだろうし、初登場の探偵役を設けたとして、その探偵の解決が果たして説得力を持てるだろうか？

チェーホフの『猟場の悲劇』は、ミステリの形式を熟知しない作家が、ミステリにうってつけの題材を描いて、七転八倒しているような小説である。

この小説は、新聞の編集長のところへ、ある予審判事が、自分の書いた『猟場の悲劇』という手記を持ち込むところから始まる。小説の大部分を成すその手記では、ある事件が語られる。

予審判事の放蕩仲間の伯爵が、ペテルブルグから戻ってくる。伯爵家を管理するウルベーニンは、再婚相手に親子ほど年齢のちがう娘を迎えるところだが、ひょんなことから、彼女は予審判事と恋に落ちる。だが、いまさらウルベーニンとの結婚を、なしには出来ない。予審判事の方にも、結婚を一方的にウヤムヤにした女（しかも、予審判事の親友は彼女を慕っている）がいる。娘とウルベーニンは結婚するが、予審判事と彼女の仲を知らない伯爵も彼女を狙い、しかも、彼は他人の妻だからといって頓着しない。そして、狩りの日に悲劇は起こる。

この長編小説は、長年、研究者の間でも、扱いに困っているらしい。短篇「安全マッチ」なら、ユーモラスなコントという評価で、何の問題もないが、本書は、そうもいかない。手記に付された註は、編集長がつけたと読めるにもかかわらず、チェーホフの頭文字がついていて、しかも、当時の新聞には実際に検閲・削除があったというから、後世、読む側が混乱するのも当然だ。

ミステリとしての私の評価は、冒頭に書いたことにつきるが、人間関係の襞が、プロットや描写や会話の陰に隠されながら描かれるところや、予審判事の性格に、後年の戯曲と共通する、チェーホフタッチを発見できる。ただ、のちの戯曲が、それを表面上隠し通すことで生きながらえたのに反して、この『猟場の悲劇』はおよそ不器用な解決をつけることで、ケリをつけてしまった。それが若書きのためなのか、戯曲と小説の違い（および、そのチェーホフとの相性）の問題なのか。もっとも、私としては、本書よりも、後年の戯曲と、マーガレット・ミラーやクリスティの『ゼロ時間へ』あたりを比較してみたいという気持ちの方が、強くなっているのだけれど。

（99年11月号）

現代ミステリの敬うべき祖先のひとつ

ロバート・ルイス・スティーヴンスン『宝島』

『宝島』／スティーヴンスン阿部知二訳／岩波文庫／1963年

十九世紀は、小説という文芸形式が圧倒的に開花した時代である。そして、その背景に、新聞や雑誌といったジャーナリズムの発達と大衆化があったことを、否定する人はいないだろう。

その開花のひとつとして、ポーがいてミステリがある。一応、ミステリの歴史は、これまでにいくつも記されているが、では、その史的位置づけから離された作家・作品は、現代のミステリとまったく無関係なのか？ 前回取り上げたチェーホフのような、ロシアのインテリでさえ、ガボリオを読み、あげく『猟場の悲劇』のような小説を書いてしまう。ここしばらく続けてきたのは、この疑問への解答を求める試みであり、読者のみなさんにも、もう少々おつきあいいただければと思う。

作家として立とうと志していた、ひとりの男が、のちに結婚することになる恋人の連れ子のために、子ども向けの（古風な）お話をしてやろうと考えて、書き始めたのが、ロバート・ルイス・スティーヴンスンの『宝島』である。ところが、家で朗読してみると、その男の子ばかりか、スティーヴンスンの父親まで夢中になってしまう。

子どものころの私が、大昔の小説だと、バカにして読まなかった『宝島』という小説（当時から見て、すでに半世紀以上昔の作品だった）は、そんなナメた子どもにはもったいないくらい面白い。文章プロットともに無駄がなく簡潔で、イズレイル・ハンズと対決するアクション場面など、現代のそこらの冒険小説はもちろん、その手の場面の表現では、小説より優位が確定しているはずの映画をさえ超えるスリルがある。しかも、それはこの小説の中盤の山場にすぎないのだ。では、『宝島』が持つ、サスペンスに満ちた冒険小説としての魅力とは、筆力とかストーリイテリングの巧さといった、技術的なものに還元されるだけのものなのか？

もちろん、この小説の持つ力のうちもっとも重要なものは、作者の思惑通り、ジョン・シルヴァーという片足の老海賊の存在にあずかるところが大きい。宝島への航海は、最初から、船員の反乱を予感させつつ進む。この裏切りを内包した冒険行という点が、いま読んでも、ずば抜けて新鮮だ。支配階級の船主や船長たちと、荒くれで思慮のない力まかせの船員たち。この二派を両天秤にかけ、シルヴァーは本心を露にしない。計算高さと自立心を武器に海へ出て一旗あげようとした男――そう、ロビンソン・クルーソーのなれの果てとして、シルヴァーが身に持つ不安定さは、彼よりもさらに不安定な一個人として社会にさらされる現代の我々の身にしみる。だから、ジム少年に訪れるこの結末は、おそらく作家の意図を超えて、私たち後世の読者の不安をも言い当てることになった。そして、まさにその点において、『宝島』は――作品そのものが、ミステリであるか否かは別にして――現代のミステリが、祖先のひとつとして

敬うべき小説になっているのである。（99年12月号）

『宝島』の後の英国冒険小説

ヘンリー・ライダー・ハガード『ソロモン王の洞窟』

『ソロモン王の洞窟』／H・R・ハガード大久保康雄訳／創元推理文庫／1972年

H・R・ハガードの『ソロモン王の洞窟』は、R・L・スティーヴンスンの『宝島』の成功に刺激を受けて書かれたものだ。『宝島』が、南米にあるらしい島を舞台にしているのに対し、『ソロモン王の洞窟』はアフリカの奥地に秘められた財宝をめぐる冒険譚である。英国の冒険小説の発達が、その植民地政策ぬきに考えられないのは、ほぼ間違いのない事実だろう。『宝島』も『ソロモン王の洞窟』も、ともに、そうした社会的歴史的背景は窺える。だが、出来上がった小説には、大きな隔たりがあるように思える。

そもそも小説というものには、無知を前提として書かれるところがある。まったく事実を踏まえずに、小説が書かれることはないだろうが、踏まえた事実からはみ出たところに、想像力を働かせる楽しみがあり、もちろん、そこが小説の勝負どころとなる。だが、時代とともに、事実はより深く人の知るところとなる。

『ソロモン王の洞窟』は、一応、アフリカに住むイギリス人の狩人、アラン・クォーターメンが主人公ということになっている。この、やや臆病（と自分でも言っている）な初老の男が、イギリスの貴族ヘンリー・カーディス卿と、英海軍士官ジョン・グッド大佐のふたりから、行方不明となったヘンリー卿の弟の捜索に同行を求められる。クォーターメンは、ヘンリー卿の弟が探していたソロモン王の財宝を報酬に、冒険行に参加する。

アラン・クォーターメンは、ハガードのシリーズキャラクターだが、少なくとも『ソロモン王の洞窟』では、ヘンリー卿の方が勇敢で、主体的に冒険をするのも卿の方だ。彼らはアフリカの奥地で、他の国と交わらずに何百年も過ごしているククアナに赴く。そこは、魔法使いの老婆ガグールが、無作為に選んだ人々に定期的に死を与える、恐怖の国であるらしい。

いまにして思えば、ククアナの王ツワラの悪役としての平板さは、自分が悪役であることを承知しているかのような描き方に、その原因があるのは明らかだ。クォーターメンたちがアフリカで出会ったのは、異文化の驚異や恐怖ではなく、むしろ、自分たちが過去に持っていた野蛮さ暗さの似姿であるように、私には見える。そんなものをアフリカに押しつけるのは、不当と言えば不当であろう。『宝島』も財宝をめぐる異郷の冒険だったが、しかし、登場人物はイギリスの（せいぜいヨーロッパの）人間ばかりだった。結果的にこの隔たりは大きかった。

（00年1月号）

帝国主義とスパイ小説の萌芽

ラドヤード・キプリング『少年キム』

『少年キム』／ラドヤード・キプリング　斎藤兆史訳／ちくま文庫／2010年

英国にとってインドは最重要な植民地だったから、ラドヤード・キプリングの『少年キム』は、帝国主義と文学（あるいは小説）を考える上で、代表例にならざるをえない。もっとも、キプリングも『少年キム』も、著者の死後、言及されることが少なかったらしい。彼が帝国主義者だったのが、その大きな理由のようだが、忘れられた理由がそれなら、再評価のきっかけを与えたのも、エドワード・サイードというアラブ系の学者（『少年キム』のペンギンブック版で、編者も担当し、そこに付した解説が『文化と帝国主義』中の一章のベースとなっている）だった。私が読んだ晶文社版も、その再評価の機運を受けての新訳出版だ。

キムはアイルランド人の孤児で、北インドのラホールに住む。多民族・多宗教のインドにあって、そのいずれにも通じ、なりすますことのできる才能を持ち、世間知に長けている。ある日、キムは聖河を求めてインドへ来たラマの弟子となる。小説の主たる筋は、このふたりの放浪を追うところにある。一方、キムはアフガン人の馬商人マハブブ（実はイギリスの密偵）の下働きでもあり、イギリス将校への伝言を頼まれる。しかも、父親のいた連隊との出会いを契機に、キムはイギリス人としての教育を受け、マハブブ同様、女王陛下のスパイとなる。

変装と探索、仮想敵国の陰謀の粉砕と、幼いながらも、『少年キム』には現代スパイ小説の出発点といえる中身がある。ただし、いかにそこがキプリングの生まれ育った場所だろうと、インドは植民者の子弟にとって、植民地であることは避けがたい。その地へ向けるまなざしには限界がある。その点サイードの分析は正確だ。あらゆる被植民地人に変装可能な植民者という、キムの持つ御都合主義に、帝国主義者の空虚な夢を見るのは至当であろう。

だが、サイードが軽視しているであろうものが、ふたつある。第一は（サイード自身が自著の章題を「帝国主義の楽しみ」としたにもかかわらず）陰謀には隠微な快楽があり、それを享受するのに、人種その他は関係ないという事実だ。第二は、植民地で生まれ、被植民地人に仮装して存在する植民者の末裔が、即、植民者としてのアイデンティティを持ちうるかという疑問（これと対をなすのが、植民者＝白人の価値観の全部または一部を、被植民者が内面化しうるのかという問題だろう）だ。つまり、キムは無条件に白人たりうるのかということだ。確かに、キムがあらゆる被植民地人に変装可能だというのは、御都合主義の空虚な夢だろう。だが、同時にキムが平然と白人でありうるというのも、また、御都合主義の夢ではないか？

そして、そうしたことをキプリングに問うのは、そもそも無理というものだろう。にもかかわらず、キプリングは『少年キム』の中において、くり返し「キムってだれだ」と書き、それを無視することは、とても出来ない。

（00年2月号）

汽車と電報のあるお家騒動

アンソニー・ホープ「ヘンツォ伯爵」

『ゼンダ城の虜』／アンソニー・ホープ井上勇訳／1970年

アンソニー・ホープの『ゼンダ城の虜』とその続編の『ヘンツォ伯爵』は、奇妙な小説である。

現在のドイツとチェコの間あたりにあたるらしい、架空の王国ルリタニアが舞台なのだが、時代劇ないしは歴史小説の定番であるお家騒動を、汽車と電報が存在する世界でやってのける。物語の骨子となる有名な設定は、イギリスの貴族の次男ルドルフ・ラッセンディルが、ルリタニア国王のルドルフ五世と瓜二つだというものだ。この設定は、説得力を増すように、ある仕掛けが施されているが、それでも、小説にお伽話的雰囲気を与えるのに貢献している。もっとも、『ゼンダ城の虜』は、なぜ悪玉一味が虜にした国王を殺さないのか、いまひとつ分からない。そのため、冒険小説としてはいささか緩んだものになっている。

創元推理文庫版の『ゼンダ城の虜』は、続編である『ヘンツオ伯爵』を併録している。前作との重複部分を省いた抄訳らしいのだが、にもかかわらず、こちらの方が長い。原題になったヘンツオ伯ルパートは、前作にも敵役として登場し、魅力を放っていたから、続編で活躍するのも当然だ。そして、こちらの方は現在読んでも『ゼンダ城の虜』以上に面白い。

前作で生き延びたヘンツオ伯は、王妃のルドルフへの愛情に気づき、それをスキャンダルの種に、巻き返しを図る。王妃の手紙をお宝として、攻守双方の思惑が、事件をルリタニアあげてのものへ発展させていく。王制と王への忠誠という伝統的要素と、現代的な人間とテクノロジーが混在した、夢のような空間が生まれ、だからこそ、ルリタニアンという形容詞までが成立したのだろう。

作品として、『ヘンツオ伯爵』の方が『ゼンダ城の虜』よりも秀れていると考えるのは、確かに冒険小説としての出来の良さもある。主人公が、不案内な首都ストレルサウの曲がりくねった旧市街（直線的な新市街との対比も含めてリアリティがある）をさまようくだりなど、ライオネル・デヴィッドスンをさえ連想させる（という書き方は、もちろん倒錯していて、丸谷才一が聞いたら、草葉のかげで、あきれ返るかもしれない）。

だが、より重大なのは、前作では、ふたりがそっくりであるということが、単に王と影武者の関係であったのに対して、『ヘンツオ伯爵』では、王と交換（することに葛藤はあるものの）可能な男として考えられていることだ。『ゼンダ城の虜』にも登場し、印象深い人物に描かれていたサプト大佐や、イギリスの物語ではお馴染みの有能な従者ジェイムスといった魅力的な人々が、そうした発想の体現者であるのも、小説を力強いものにした。その結果、王という（単なる統治機構の頂点ではなく）個人として特有の権力を持った者と、彼に取って代わり得る可能性を持った一介の個人という、およそ他の時代では考えにくい設定に、リアリティが与えられ、それゆえに、破天荒な陰謀と冒険の物語が誕生した。

これは、おそらく、十九世紀後半のヨーロッパでなければ成立しない、奇妙な冒険小説なのだった。

（00年3・4月合併号）

丸谷才一に関する冗談は、単行本化にあたってつけ加えた。と書くのも余分か。

記憶にとどめたいコンラッドのスパイ小説

ジョゼフ・コンラッド『西欧人の眼に』

『西欧人の眼に（全二冊）』／ジョゼフ・コンラッド中島賢二訳／岩波文庫／1998年（上）1999年（下）

ジョゼフ・コンラッドには『密偵』という小説もあり、その方が有名かもしれない。だが、現在入手容易な岩波文庫版は、訳者自ら「コンラッドの文体をグロテスクなところはグロテスクなまま、できるだけ『達意』の日本語を避けて」訳したと記しているほどで、見るべきところは当然あるのだが、普通の読書家には、必ずしも薦めがたい。その点、この『西欧人の眼に』は大丈夫だ。

主人公のラズーモフは、サンクト・ペテルブルク大学の哲学科で学んでいる。ロマノフ王朝末期の騒然とした世相の中、ある雪の日に圧政の中枢にいる内務大臣が爆殺される。犯人の学生ハルディンは、わずかな面識にもかかわらず、逃走の段取りの伝言を頼みにラズーモフの下宿へやって来る。ラズーモフは、一旦は彼の頼みをきくが、雪の中、一度しか会ったことのない庇護者のK公爵のことを思い出し、ハルディンを売ってしまう。

　頭がよく人から信用されやすいために、革命家でもなんでもない男が、唐突に爆弾テロの犯人の訪問を受け、彼の人生は平穏でありえなくなる。まきこまれ型スパイ小説と言えなくもないが、簡単にそう言いきらせないところが、この小説にはある。それは、ラズーモフがハルディンを助けようが売ろうが、それ以前の彼と同じ状態ではありえないことを、コンラッドがきちんと押さえているからだ。しかも、ハルディンは逮捕され処刑されるが、生前のハルディンのラズーモフに対する好意的な言動から、友人たちのみならず、革命家連中からも、ラズーモフはハルディンの共犯者と思われてしまう。

　正直なところ、題名にもなり、作中で何度も言及される、西欧人とロシア人の違いが、私にはよく分からない。ウェスタン・アイに奇異に映っているのは、果たして何なのか？　もっとも、そこを除けば、密告者が信頼されてしまうアイロニーといい、その信頼を寄せてくる人間へのどうしようもない嫌悪感といい、秘密や屈託を抱える人間が、その秘密や屈託ゆえに、良い人当たりを与えるところといい、二心や裏切りというものの持つ皮肉な面を見事に小説に仕組んで、分かりにくいところなどどこにもない。天涯孤独という主人公の設定に到っては、後年グレアム・グリーンが、スパイの裏切りに対置させた家族への愛を、予め捨象しているようにさえ見える。

コンラッドのこうした小説が、ル・キューやオッペンハイムといった作家に先行していたことを、スパイ小説の歴史に興味を持つ読者は、ぜひ記憶しておいていただきたい。

（00年5月号）

詩的で諧謔的な一品

G・K・チェスタトン『木曜の男』

『木曜の男』／G・K・チェスタトン吉田健一訳／創元推理文庫／1960年

ジョゼフ・コンラッドの『密偵』が出たのが一九〇七年。その翌年に書かれ、やはり無政府主義者を素材にしたのが、G・K・チェスタトンの『木曜の男』である。前回扱った『西欧人の眼に』やいくつかの短篇もそうだが、コンラッドのスパイ小説ないしは政治小説に出てくるのは、警察につけねらわれる無政府主義者だ。東西冷戦が続くこと約半世紀。ロシア革命から数えれば七十年近く。そして、その間にスパイ小説は発展したから、ある意味で仕方のないことだが、国家間の思想的対立が、スパイ小説の必須条件であるという考えは、誤解にすぎない。もっとも、コンラッドの作品が、リアリスティックないしはシリアスに、無政府主義者と彼の陥る運命を描くのに対して、『木曜の男』は、チェスタトンらしく詩的というか諧謔そのものである。無政府主義者の詩人と秩序に価値を置く詩人（実は無政府主義者担当の刑事！）の論争に始まり、詩人刑事が無政府主義者の会合で細胞代表となり、「日曜」と呼ばれる男が指揮する中央会議へと潜入する。

たとえばル・カレの『寒い国から帰ってきたスパイ』と比べるとして、それを時代の違いと考えるのは誤っていよう。チェスタトンならば、リーマスの潜入をも『木曜の男』のように描いただろうし、そう出来ない理由も見当たらない。それを、単にリアリズムであるか否かの技法上の問題の範囲に限るならば。

ふたりを比べるということは、実は、もう少しデリケイトな問題を、必然的にはらんでしまう。

チェスタトンの、そして『木曜の男』の根っこにはふたつの前提がある。ひとつは、貧乏人は無政府主義者にならない、あるいは、貧乏人は秩序が好きだという、イギリス的事実だ。それは、もしかしたらイギリスにかぎらずあてはまる真実かもしれないが、ここはこうしておく。ふたつめはスパイ活動には、背後に必ず思想的な動機があるという考えだ。前者はコンラッドにも散見されること（短篇「諜報員」を見よ）で、社会の転覆を狙う側も阻止する側も、ともに社会の立派な構成員である。そして、この逆説があるかぎり、筆は諧謔にならざるをえない。主人公のサイムがリクルートされる時に、ハーロウ校出身の巡査が現れるが、チェスタトンの頭の中には、逆の例（後年のチャーリー・マフィンのようなグラマースクール出の頭脳労働者）は、おそらく存在しない。

もっとも、政治とその闇が、否応なく、望みもしない一般の人々を巻き込むのは、第一次大戦とロシア革命を契機としてだろう。そして、このふたつの事件の歴史的意義を、それが起こる以前に予見することなど出来るわけがなく、チェスタトン翁にしても、その例外ではない。さらに、その結果、人は主義のためのみに爆弾を投げるにあらずとなるのだが、そこにこそ、二十世紀のスパイ小説を読み解く重要な鍵が隠されている。

（00年6月号）

もちろん『木曜の男』において、無政府主義者は単なる比喩と読むことも出来るだろう。昔、子どもむけの翻訳ミステリで、無政府主義者のことを、ここでは爆弾を投げる悪い人といった意味で使っているといった註（なんと良心的な註だろう）がついていたのを、読んだことさえ、私はある。それから、南條竹則訳が光文社古典新訳文庫で出たとき『木曜日だった男』と題していて、一瞬虚をつかれて狼狽した。読み筋になかったうえに、とても重大なことのように直感したからだ。もっとも、読んでみると、直訳で過去形の『木曜日だった男』の方が適切なのだが、狼狽するほどではなかったと思った。

戦時冒険小説の残照

ジョン・バカン『三十九階段』

『三十九階段』／ジョン・バカン小西宏訳／創元推理文庫／1959年

ウィリアム・ル・キューやエドワード・オッペンハイムの長編小説を、今日、日本語で読むことは非常に難しい。また、おそらく、読む必要もないのだろう。サッパーも同類に近いが、論創社という奇特な出版社があって、『恐怖の島』の新訳を二十一世紀にもなって出した。もっとも、これは秘境冒険小説で、個人的には、ブルドッグ・ドラモンドものを読みたかった。そうなると、このあたりのスパイ冒険活劇で読めるのは、ジョン・バカンぐらいということになる。

『三十九階段』は、リチャード・ハネーが活躍する冒険小説の第一作。一九一五年に、エジンバラの保守党系の雑誌に分載されて、すぐに本になったようだ。発表年から分かるように、すでに第一次世界大戦は始まっているが、小説は、開戦の直前、南アフリカからやって来たハネー青年が、ロンドンで退屈をかこっているところから始まる。偶然知り合った男を、不可解なりゆきから匿うことになり、あげく、ちょっとした留守中に、男が殺されてしまう。彼はイギリス政府の密偵だったらしく、バルカン某国の首相を訪英時に暗殺する陰謀があるという情報をつかんでいたのだ。決行の日時も特定されていて、その瞬間に暗殺を阻止するしかない。男の死体を自分の家に抱え、ハネーは男の意志を受け継ぐべく、暗殺者たちと、男の殺害容疑でハネーを追うであろう警察の両者からの、逃避行を始める。

前半のスコットランドを逃亡するハネーの冒険には、ご都合主義なところが多々見られるものの、それでも一応の面白さがある。ハネーが追われる理由がはっきりしないことがプラスに出ていて、半分冗談というか、そういう気楽ささえある（自由党への揶揄に顕著だが、同時に、そういう点から古びてきているのも事実だ。そもそも、自由党というものが、すでにない）。もっとも、小説を収束させる段になると、都合の良さが全開で、首相暗殺はあっさり実現し、イギリスの軍事機密を狙うスパイ団の話にバケてしまう。

この細部の緩さは、ただごとではない。そもそも、一民間人が——民間人ゆえに、それはスパイでもある——軍事的に重要な時と所で活躍出来るというのが、戦争として、はなはだ緩いものであろう。そして、そんな緩さゆえに、過去の作品と斬って捨てられてしまうのも、仕方のないことだろう。百年とは言わない。その後の五十年で、小説はもとより映画の力も与って、冒険活劇の質は飛躍的に向上したのだ。だが、同時に、現実の戦争というものが酷しさを増したのも、第一次大戦からであった。『三十九階段』の持つ緩さは、戦争というものをかくも緩く捉えることの出来た、最後の時代の冒険小説だったことを示している。同じ年に、続いて書かれた『緑のマント』では、ハネーはドイツ軍の起死回生の秘策——イスラム教徒を宗教的に団結させる秘策を用いて、崩壊寸前の同盟国トルコに活を入れる！――を砕くため、敵地に潜入してコンスタンチノープルを目指す。この小説も、前半の敵地での潜入行の部分がわずかに読める程度だが、クリスマスを待ち望み、そして楽しむ両軍の姿は、おそらく歴史上で最後の無垢な戦場の描写だろう。

もっとも、そうした緩さと現実の酷しさとのギャップを、人々が知るまでには、タイムラグが生じてしまう。これらの活劇作家とその作品は、『西部戦線異状なし』のレマルクと同時代を生きることになる。おそらくは、これらの持つ小説の緩さへの反省なり批判と、同時に、それでもこれらの小説が持つスリラーの魅力の可能性とから、新しいミステリが産まれたのであろう。それがスパイ小説なのである。

（書下ろし）

破格のスパイ小説

W・サマセット・モーム『アシェンデン』

『アシェンデン』／W・サマセット・モーム　河野一郎訳／ちくま文庫／1994年

スパイ小説の歴史を考える上で、サマセット・モームの『アシェンデン』を落とすことは出来ない。しかし、この作品、スパイ小説として見るときに、あまりにも破格で、それ以前にも以後にも類縁を見出せない。反スパイ小説と呼びたい誘惑にさえかられる。周知のとおり、この小説は第一次大戦中に、モーム自身が、イギリスの諜報部員として、ジュネーヴとロシアで活動していた際の行動と見聞をもとに書かれたものだ。

この小説は、華々しくもロマンティックな冒険と、ナショナリズムを背景にした愛国心とそれに対応する敵愾心という、それ以前はもちろん、この作品以後も、スパイ小説がその根本に持ち続けたふたつの要素を、徹底的に遠ざけたところに、まず、そのユニークさがある。たとえば、グレアム・グリーンやエリック・アンブラーといった作家の場合は、他の一群のスパイ小説に比べれば、このふたつの点は相対化された取り扱いを受けている。乱暴に言ってしまえば、どう相対化するかが、このふたり以降の、スパイ小説のオリジナリティと見ることも出来る。だが『アシェンデン』は、それらとも決定的に異なるように思う。

この小説は諜報部員の活動の記録というより、彼の出会った人間のスケッチ集である。諜報活動そのものよりもそこに登場する人間模様に、モームの興味と腕前は向けられる。第一、アシェンデンの諜報活動たるや、本人も言うとおり、かなりあてずっぽうである。そもそもそれは失敗の連続だ。そして〈外套と短剣〉から007に到るロマンティックなスパイ冒険小説にせよ、ジョン・ル・カレやレン・デイトンに代表されるリアリズムスパイ小説にせよ、アシェンデンが見たなら、ともに、そんなにうまくいくものではないと内心思うのではないか。そのかわり、アシェンデンは、ミス・キングの解かれることのない不条理な謎に出会い、毛無しのメキシコ人のいい加減さに出会い、一途さと俗な要領良さを同時に持った踊り子ジューリアに出会う。

後半、舞台がジュネーヴを離れてからは、人物への興味に、小説はますます傾く。初読の時、若かった私は、そこが散漫でつまらなく思ったが、何を読んでいたのやら。白眉は最後の三章で描かれるアメリカ人ハリントン氏だろう。このニューイングランド人をモームはアイロニカルな視線で見つめ続ける。愚かだが精力的で愛すべきアメリカ人。だが、革命前夜のロシアのクリーニングサービスに本気で憤慨するハリントン氏を見て、アメリカ人の反共反ソの根っこにあるのは、案外、ハリントン氏のこの怒りではないのかと、つい考えてしまう。そして一瞬でもそう思わせてしまったなら、それはモームの勝利であり、小説というものの勝利である。

人間の動機は卑小であり、行動は杜撰である。モームがスパイ小説の分野で先取りしたのはそのことであり、それは実際、まったく前衛的なことだったのである。

（00年7月号）

微妙な感触の正体は？

グレアム・グリーン『密使』

『密使』／グレアム・グリーン　青木雄造訳／早川書房グレアム・グリーン全集7／1981年

グレアム・グリーンはのちに『ハバナの男』や『ヒューマン・ファクター』といった、スパイ小説の歴史に残る、間然するところのない傑作をものしている。しかし、戦前の作品はスパイ小説と呼びうるだろうか？　たとえば、エンターテインメント第一作『スタンブール特急』なら話が早い。革命に際して祖国へ戻る亡命指導者は登場するものの、これをスパイ小説と呼ぶのは無理がある。だが『密使』や『恐怖省』となると、話は少々ややこしい。スパイ小説と言ってしまうのをためらわせる何かが、これらの作品には、あるように思う。その微妙な感触の正体は何なのか？　戦後のスパイ小説とどこが違うのか？

『密使』は一九三九年の作品である。主人公のDは、内戦中のヨーロッパの某国（スペインのようでもあり東欧のようでもある）から、石炭の買い付けにロンドンにやって来る。上陸早々、反対派のLの妨害工作を受けるという展開は、スパイ小説と言えなくはない。かつて英国留学の経験を持つとはいえ、堅苦しい文章口調の英語（らしい）で、平和な異郷にとまどいながら、敵はもちろん味方も信頼できない。そんな中、陰謀をかいくぐる様は、のちのライオネル・デヴィッドソンのスリラーで、主人公が置かれる境遇に近い。

にもかかわらず、『密使』の主人公は、ライオネル・デヴィッドソンはもちろん、ル・カレやデイトンといったスパイ小説の主人公とも、異なっているように見える。『密使』に明らかなのは、Dは生と死が境を接する戦場の国からやって来て、それにひきかえ、イギリスは平和だということだ。そのことを、もっとも端的に表しているのが、イギリスにいる間にDにかけられる、豊富ではあるが生死ほどの重大さには欠けるさまざまな罪状である（唯一の殺人の嫌疑しかも濡れ衣は、最後の忘れたころになってやっと登場する）。スパイは、戦場から遠く離れた平和の地にこそ成立するのである。

『密使』が、あるいは『恐怖省』が、他のスパイ小説と異なる感触を与えるのは、そこに戦場の感覚があるからだ。前者はDの境遇に、後者はロンドンの街に。もっとも、それは後年の冷戦下の小説とホットな戦争のただなかの小説の違い、冷たいか熱いかの違いであって、そんな感触の違いなど無視して、ともにスパイ小説と呼ぶべきなのかもしれない。

もちろん、潜入と脱出のスリラーとして『密使』はすぐれた作品であり、新聞の巧妙な用い方、列車と空家など、グリーンの刻印が押された小説だ。これらは、交通と通信という、その発達が二十世紀を象徴する、きわめて具体的な事物で、なおかつ、直接的にサスペンスを醸成する素となっている。ただし、このことは必ずしも対象をスパイ小説に限るものではない。なぜなら、そのもっとも見事な利用例をわれわれは『拳銃売ります』に見ることが出来るからである。

（00年8月号）

混乱する現代、再び評価すべき作品

エリック・アンブラー『ディミトリオスの棺』

『ディミトリオスの棺』／エリック・アンブラー菊池光訳／ハヤカワミステリ文庫／1976年

定説によれば、第一次大戦後のスパイ小説の一大転換は、モームの『アシェンデン』と、グレアム・グリーン、エリック・アンブラーによってもたらされた。しかし、具体的に検討を加えてみると、スパイ小説のひとつの型を創ったのは、アンブラーだったことが分かる。以前この欄で『あるスパイへの墓碑銘』を取り上げた（アンブラーが亡くなった時だ）が、それ以外の戦前の諸作品も、市井の一市民が、スパイ事件に巻き込まれ、あるいは自ら（やや軽はずみに）飛び込む。アンブラーの小説の主人公は、スパイではない。これは当然のようで、案外重要なことである。

アンブラーの作品において、スパイはフリーランスの犯罪者として、おもに登場する。『あるスパイへの墓碑銘』の真犯人しかり、『恐怖の背景』のロビンソン大佐しかり。ここでのスパイとは、汚い恥ずべきことだとされてはいるが、同時に、それは商売でもある。そして、出世作の『恐怖の背景』にすでに明らかだが、その汚い商売人の背後には、自分で手を染めることはしないが、その汚い行為がもたらす成果の必要な人々が存在する。

アンブラーが、小説家としてスタートした時点で、すでに政治を経済活動としてとらえていたことは、注意しておく必要がある。モームや同時期のグリーンと違って、アンブラーは東欧や地中海東岸付近を舞台にとることを好み、政情の不安定さが、貧しい個人に自らの共同体への裏切りを働かせる。

『ディミトリオスの棺』は、そのアンブラーの代表作のひとつ。余談だが、早川の世界ミステリ全集が出たとき、唯一第七巻のアンブラー集だけが、一巻に収録された三作すべてが新訳だった。『ディミトリオスの棺』は、私ももっぱら、そのときの菊池光訳で読んでいる。

作家のラティマーがその足取りを追跡するディミトリオスは、トルコからギリシアへ逃れた難民であり、強盗殺人をふりだしに、スパイ行為、暗殺への関与、麻薬密輸と、ダーティワークを重ねることで、戦間期のヨーロッパを成り上がる。この男こそ、アンブラーが描いたスパイ像の、もっとも強烈な典型であり、それゆえ、『ディミトリオスの棺』はアンブラーの代表作のひとつとなった。そして、ディミトリオスの行きついた先が、多国籍金融資本の取締役だったというのが、アンブラーの先見の明を示している。

確かに、第二次大戦後とりわけ冷戦期は、スパイとは国家間のイデオロギーの対立のもとに行われるものだった。しかし、イデオロギーの対立を基にしていたはずのものが、いかに変質していったかは、戦後のスパイ小説の変遷が示すところであり、混乱のヨーロッパを生きたディミトリオスの悪行（ここにはイデオロギーというものがない）が、戦後の冷戦下における国際的な謀略の行きつく果ての見事な先取りであったことは、冷戦が終わって初めて分かることだった。

混乱した社会には裏切りがポピュラーであることを示したアンブラーの小説は、新たな混乱期のいま、まさに再評価再検討を要求しているように、私には思えてならない。

（00年9・10月合併号）

奇跡が産んだ傑作

グレアム・グリーン『第三の男』

『第三の男』／グレアム・グリーン 小津次郎訳／ハヤカワepi文庫／2001年

これはよく間違われることだが、キャロル・リード監督の映画「第三の男」は、グレアム・グリーンが原作を書いたわけではない。グレアム・グリーンの小説『第三の男』の序文によれば、グリーンは映画のシナリオを依頼され、「シナリオ形式では最初の創造はできない」ので、その執筆のために、まず小説の形のものを書いた。現在グリーンの全集で読むことが出来、私もそれで読んだ。もちろん、映画の字幕には、スクリーンプレイとしてグリーンの名がある。序文にグリーンが自ら書いているように、「第三の男」は映画の方が決定版である。小説版が発表されたのも映画の後だ。しかし、グリーンがシナリオに先立って書いた小説を読み、比較することで、分かることもあるというものだ。

もっとも目立つ、すなわち表面的な両者の相異は、次の二点だ。

①　小説版は、ウィーンを占領している英軍の将校として従軍している警察官キャロウェイ（原作、映画両方にそういう台詞があり、ビデオの字幕では省略されているようだが、イングランド人でありアイルランド人ではない）の一人称で描かれている。

②　ホリーはイギリス人であり、したがって、ハリー・ライムもイギリス人である。

この他に、小説のラストがハッピーエンドだというのもあるのだが、これは無視してかまわない。

グリーンの序文によると、映画でホリーがアメリカ人に変更されたのは、ジョゼフ・コットンのキャスティングに合わせた結果のようだ。しかし映画を観るかぎり、主役のこのふたりは、どう考えてもアメリカ人でなければならない。二十世紀後半を生きた人間にとって、それは自明ではないか。

ハリー・ライムはペニシリンの横流しをする闇商人であり、ソヴィエト・ロシアの末端のスパイとなることで、自分の身の安全を確保している。ディミトリオスふうのフリーランスの犯罪者だ。そういう男は属性として無国籍性を持つことが避けられない。一方、素朴な友情から海を渡り、素朴な正義感から事件に首をつっこみ、現地の人間の名をのべつ間違える（一方でアンナからはホリーとハリーを言い違えられる）単純な男は、アメリカ人以外にはありえないだろう。

「第三の男」は、スパイ小説でもスパイ映画でもない。だが、フリーランサーである闇の世界のスパイを、犯罪者として抹殺して下水に流し去ることで、映画「第三の男」はスパイの物語の歴史の中で、ひとつのエポックとなった。この後、スパイの物語は、素朴なアメリカ人の単純な正義感と世界観のもと、敵味方ともに組織化された諜報部員たちによる、冷戦下の悲劇と喜劇を産んでいく。そして、その冷戦下の構造が準備されたことを描いて、映画「第三の男」は傑作となったのだが、それは、ジョゼフ・コットンがホリーにキャスティングされたことから生じた、奇跡的な偶然の産物なのであった。

（00年11月号）

007の登場

イアン・フレミング『カジノ・ロワイアル』

『カジノ・ロワイアル』／イアン・フレミング井上一夫訳／創元推理文庫／2006年改版

たとえば、スターリング・ノエルの『スパイは醜悪に死ぬ』を読んでみよう。一九五三年に書かれたこのスパイ小説は、主人公のスパイが、アメリカの新兵器開発組織に潜入している、ソ連スパイを見つけ、殺すまでの話なのだが、主人公にパルプヒーローの影響――無造作に人を殺すわりには、拷問するのに内心の葛藤を吐露してみせるあたり、自分の正しさにセンシティヴないつものアメリカだ――を見ることは出来るにしても、ありていに言えば、ジョン・バカンから一歩も出ない。

エリック・アンブラーやグレアム・グリーンは、陰謀のただなかにいる当事者には、しばしば全貌が見えないし、その上で、当人が判断出来る範囲内で合理的に動くというリアリズムを守ることで、それと一言も言わずに、それまでのスパイ活劇の調子よさを批判してみせた。そうすることで、スパイ小説に新しい道を開いた。だが、一方で、その行き方は、小説から明快さを奪うことにもなった。単純明快な冒険活劇から、人間不信の恐怖物語へ、スパイ小説は移行する。その趨勢の中で、陰謀を――アンブラーやグリーンとは違って――活劇的に描こうとするなら、それは、姿の曖昧な組織の中で行われる、姿の曖昧な陰謀のうちに、主人公の行動を描くことになる。いきおい、凡庸な作家の手になれば、ディテイルは精彩を欠く。『スパイは醜悪に死ぬ』の主人公は、スピレインばりのヒーローだが、スパイであることが、小説の上でプラスになっているとは、とても言えない。

そんな閉塞状態を打開したのが、同じ一九五三年にシリーズ第一作を世に問うたイアン・フレミングの『カジノ・ロワイアル』。すなわちジェイムズ・ボンドのシリーズである。『スパイは醜悪に死ぬ』と同年とは思えないほど、この小説は、屈託ないまでに明快だ。フランスの有力労働組合の地下会計責任者にして、ソ連工作員のル・シッフルが、帳簿にあけた穴を埋めるために、カジノでのバカラの大勝負を目論んでいる。その博打に勝つことでフランスにおけるソ連の工作組織に打撃を与えるというのが、作戦の骨子である。なんたる明快さ。なんたる絵空事。迫真のギャンブルシーンを挟むようにして、ボンドを狙った謎の爆破事件と、ル・シッフルによるサディスティックな反撃と、見せ場を盛り込む。事件そのものの荒唐無稽さをカヴァするかのように、異様なまでに描かれるスノビッシュな細部は、フレミング効果と名づけられさえした。スパイの活躍する小説の細部を埋めるディテイルは、スパイやスパイ組織のそれである必要はない。フレミングによってもたらされたコペルニクス的転回は、そこにあった。スパイとスパイ組織を描く小説のディテイルは曖昧さを避けられないという、アンブラーやグリーンのパラダイムは転換され、それが映画によって増幅されることで、一九六〇年代のスパイ小説／映画ブームはもたらされた。

しかし、それは、あくまでもスパイの活躍する冒険活劇のオハナシである。フレミングのパラダイムが優勢な時代においても、たとえば、ヘレン・マッキネスやウィリアム・ハガードといった人々の、細部まで行き届いたスパイ小説が、しごく中途半端で退屈なのはなぜか？　イアン・フレミングがもたらした発想の転換は、フレミング効果だけなのか？　その解答も、実は、このシリーズ第一作の中にある。

小説の最終盤で、ボンドはソ連の諜報組織スメルシュを狩りつくすことを誓う。そこでの述懐は、「(スメルシュという) 死と復讐の冷酷なこの凶器さえなくなれば、ソ連のスパイ組織もただの公務員スパイの群れにすぎなくなる。西欧諸国の情報機関と同じようなものになってしまうのだ」という認識が基本になっている。「スパイなんて仕事は、ホワイト・カラーの連中にまかせといてもいい」とボンドは言い放つ。スパイはホワイト・カラーの連中の仕事であって、自分の仕事ではないと言い切っているのだ。それは、リアリスティックなスパイ活動からは切り分けられた、冒険と破壊の工作の世界に生きるという、ロマンティックな宣言でもあった。この切り分けがあってこそ、ジェイムズ・ボンドの冒険小説は現代に成立し、同時に、六〇年代のシリアスなスパイ小説の退屈さは、この切り分けを顧慮しなかった結果であろう（アンブラーは賢明にも、この時期を『真昼の翳』や『武器の道』といった変化球でやりすごし、『インターコムの陰謀』で鮮やかに復帰する）。ごくわずかな例外が、この切り分けに考慮を払った上で、あるいは、切り分けそのものに疑いの目を向けながら、リアリスティックなスパイ小説を深化させていく。その優等生が『寒い国から帰ってきたスパイ』のジョン・ル・カレであり、その到達点が『ティンカー、テイラー、ソルジャー、スパイ』であった。　（書下ろし）

ジョン・ル・カレについてのささやかな疑問

ジョン・ル・カレ『鏡の国の戦争』

『鏡の国の戦争』／ジョン・ル・カレ宇野利泰訳／ハヤカワNV文庫／1980年

ジョン・ル・カレについては、ささやかな疑問が、ふたつある。

① 彼は小説がさほど巧くないのではないか？

② 『寒い国から帰ってきたスパイ』は、彼の小説の中では傍流なのではないか？

まず②について。のちに『ティンカー、テイラー、ソルジャー、スパイ』で決定的になるが、ル・カレが執拗に描くのは、第二次大戦後のイギリスの、くたびれきった支配層が放つ腐臭である。諜報組織に関していうなら、「霊感を中心に操作されていたアマチュアリズムは、能率第一主義の官僚機構と強力な政府部内の策動のまえに敗退していった」（『死者にかかってきた電話』）その後を、細密に描いていったといえる。スパイ小説ではない第二作『高貴なる殺人』も、パブリックスクールを舞台に、エスタブリッシュメント（英国国教会派の意もある）がその内に持つ淀みを描く。また、このふたつの事件を追うジョージ・スマイリー自身、時代遅れで風采のあがらぬ、くたびれた人物だ。

しかし、『寒い国から帰ってきたスパイ』においては、そうした面は、比較的抑えられている。反面、圧倒的なのは、リーマスの潜入作戦の面白さである。同時に、そのシリアスな悲劇性と大衆性は、ル・カレの作品群の中では例外的かもしれないが、なによりル・カレに合っていた。

『寒い国から帰ってきたスパイ』に続く『鏡の国の戦争』は、本来『寒い国』に先立って、書かれ読まれるのが相応しい。新型ミサイルが東独に運搬されたらしいという、ごくわずかな臭跡を頼りに、潜行員を送り込む軍情報局。冷戦たけなわで、諜報戦が外務省主導になり、大戦中の華々しい活躍を、再度彼らに望むべくもない。予算と人員と特権を削られ、情報からも隔絶された彼らは、それでもというか、それがためにというか、巻き返しのための一大作戦行動を企む。

組織の活動が、組織の存続を目的としたものになった喜劇性が、この一編の眼目だ。目的と効果を見失った、謀略のための謀略の愚かさと、それを推進しつつ、最後には部下を切ることで事態を収拾するルクラークの人間像など、愚劣な事態を愚劣なままに描いて、快調である。ただし、この小説が大傑作にならなかったのは、必要なはずのユーモアに欠けるからだ。また、ル・カレの作品は捜査小説（謎とき）の形をとることが珍しくないが、ごたつきの多い彼の筆には、この形式が似合わない。

こういった諸々が、①の疑問を呼ぶのだが、そこを考えるのは、また後日。（00年12月号）

時を経て分かる真実

レン・デイトン『ベルリンの葬送』

『ベルリンの葬送』／レン・デイトン稲葉明雄訳／ハヤカワNV文庫／1978年

レン・デイトンは、一九六〇年代に登場したスパイ小説家として、ル・カレと並び称せられていたが、その後、なんとなく忘れられているようで、評価がはっきりしない。ただ、数年前に処女作の『イプクレス・ファイル』を読み返したところ、案外つまらなかったので、驚いた記憶がある。もっとも、デイトンに関しての日本での評価は、瀬戸川猛資が折にふれて下しているものを除けば、いまひとつ突っ込んだものが見られないのも事実である。

『ベルリンの葬送』は一九六四年の第三作目。代表作としては、これが推されることが多いようだ。主人公は処女作以来の、名前の出てこない職業スパイの「わたし」で、今回は、ソヴィエトの化学者が西側への亡命を望んでいて、その一件について内務省のハラムを訪ねるところから始まる。主人公はベルリンの現地工作員ヴァルカンと、西独のゲーレン機関の協力のもと、問題の化学者を金のために売るという、ソヴィエトのシュトーク大佐と接触する。ある意味で単純なはずの、この取り引きを、しかし、主人公は先延ばしにする。ユダヤ人らしい女スパイが彼に近づき、ゲーレン機関が要求した、化学者の西側での身分証明一式の名前が実在の人物であることが判明し、事態は混迷の度合いを増す。

デイトンの小説の複雑さ分かりづらさの正体は、一人称の主人公が何を考えているのかを書かないところにある。主人公は行動するが、その意図は読者が推測しなければならない。デイトンについて、時折指摘されるハードボイルタッチとかハードボイルドの影響というのは、そこを指す。ただし、その分かりづらさを取り除けば、やっていることは、存外古めかしい。

ここに登場するのは、第二次大戦中に共産党の暗殺者だったスパイであり、第二次大戦から冷戦に到るヨーロッパで生き延びるために、複雑怪奇なアイデンティティを持たざるを得なかった男だ。このキャラクターは、巧く描き出すことが出来れば、ディミトリオスの戦後版になったのだろうが、しかし、デイトンはあくまで主人公の向こう見ずな言動の描写に力を注ぐ。確かに、当初、デイトンの小説で評価されたのは、労働者階級の主人公のサラリーマンスパイとしてのカッコよさだったのだから、それも当然なのかもしれない。

しかし三十年経って分かるのは、主人公の恰好ではなく、主人公に与えられた事件こそが、時代を超えて読者を魅了するという事実であった。デイトンは確かに斬新なスタイルのスパイ小説を創造した。だが、それは同時に、事件全体に対する主人公の興味のなさと引き換えに得られたものでもあったのである。

（01年1月号）

ロマンティシズムを最大限に生かすために

ノエル・ベーン『クレムリンの密書』

『クレムリンの密書』／ノエル・ベーン 高橋泰邦訳／ハヤカワNV文庫／1980年

ノエル・ベーンの『クレムリンの密書』は、一九六〇年代に書かれたスパイ小説の中でも、特殊な地位を要求できる小説だと思う。

プロローグが、まず、なんとも魅力的だ。モスクワ（らしい）の刑務所で、あるスパイ（らしい男）が、服毒自殺する。報告を受ける大佐の苦々しげな描写から、酷しい訊問が始まる前のことだった（らしい）と分かる。そして、その五時間後、一通の電報が打たれる。「こしょう壺が割れた」と。「らしい」を連発したのは、そういう描き方をしているためで、実はそうではなかったという話なのではない。

この短かいプロローグが終わると、一転して、アメリカ海軍情報部のローン少佐が――高額の報酬を提示されたとはいえ――本人の意向を無視した強引な形で、いきなり軍籍を解かれる。

そして、「こしょう壺が割れた」で始まる、一連の電報を見せられ、その電文から起こっているであろう事態を推理させられる。それは、極めて曖昧な形で輪郭を与えられた陰謀の姿で、しかも、実際の工作にあたっているのが誰かも定かではなく、工作の対象も分からない。時代はフルシチョフ失脚（六四年）の直後だが、クレムリンでは、ブレジネフを筆頭に後継を窺う複数の有力者が暗闘をしている。そんな中、共同して、中国の核開発に打撃を与えることを、クレムリンの中の一派が西側に提案し、西側のある指導者（どうもアメリカ大統領らしい）が、白紙委任状同然のものにサインし、モスクワへ送ってしまったというのだ。〈こしょう壺〉はその交渉役であり、厄介な密書を取り戻し、その後を継ぐために、〈バージン〉ことローンを中心にしたチームが集められ、訓練を受けたのち、モスクワへ送り込まれる。

『寒い国から帰ってきたスパイ』の向こうを張ろうかという、細心緻密なメンバー集めと作戦訓練が、かなりの紙数を使って描かれる。細かいわりには、細部の描写に欠けるが、そこは置いておく。〈ワード〉という参謀格の男に導かれ、〈バージン〉＝ローンは、まずメンバーを集めるが、それは、アメリカの諜報機関の創成期に、超凄腕のスパイとして伝説的存在となった〈スターデヴァント〉が組織した、かつてのプロフェッショナルたちだった。ヨーロッパ諸国とは比べものにならないほど浅い歴史しかない、アメリカの諜報機関においてさえ、職人的なスパイ組織は過去のものとなり、コンピュータと人海戦術の時代の到来に、スターデヴァントはアメリカから追われるようにして――ソヴィエトからヘッドハンティングされそうになる――フリーランスのスパイとなって、あげく零落して死んだため、組織のメンバーは捲土重来を期して、声がかかるのを待っていたのだ。そんな古いタイプの工作に経験のない――それゆえバージンと名づけられた――新しい時代の情報部にいたローンが、なぜ呼ばれたのか、本人にも分からない。

さきほど『寒い国』と比較してみせたが、フリーランスの組織的なスパイという在り方は、冷戦期のスパイ小説として――冒険小説としてならともかく――例外的であろう。むしろ、ジョン・バカンあたりの旧弊な冒険活劇スパイから、それをリアリスティックに仕立て直した初期のアンブラー（たとえばディミトリオス）といった、過去のスパイ小説に出てくるスパイ像に近い。彼らは訓練を受けたのち、独立した諜報機関の雇用者だと言われ、アメリカで訓練されたのも、そこに施設を持っていたからにすぎないなどと、口実にもならない説明を受け、アメリカを含むいかなる国の機関との接触も禁じられる。確かに、謀略の（末端の）実務は、下請けにやらせるものかもしれない。だが、非力な下請けに、これほどしっかりした組織力（潜入後のロジスティックスを見よ）が持てるか、持たせるかと考えると、たちまち、その存在のロマンティックなことが露呈しよう。本書が初めて訳されたとき、小林信彦が「伝統的な伝奇小説のカラクリ芝居」と評し、石川喬司がノエル・ベーン自身の、過去の〈外套と短剣〉を再生産するだけのスパイものに対する批判を引きながら「この作品自体そういう滑稽さから完全に抜け出していないところが愉快である」と指摘したのも、この小説の根本に、そうしたロマンティシズムを見たからだろう。

鉄のカーテンの内側ど真ん中での謀略は、少々の好都合と実際に計算すれば途轍もない赤字をもたらしそうな予算によって、事件の全貌を知らないローンの、手探りでありながらも着々とした足取りで進められる。そして、前半のゆったりしたペースが嘘のような、最終盤のドンデン返しの連続の果てに、スパイ小説しての本当の貌が浮かび上がる。そのスパイ小説としての貌が、真にリアルなものであったなら、本書はスパイ小説の金字塔になっただろう。そうはならず、そして、その限りにおいて、ロマンティックな冒険活劇を、リアリスティックなスパイ小説の中で最大限に生かすという、特殊な地位を要求しうる佳作となった。私見によれば、こののち、その地位を脅かす者が出ることはなかった——ブライアン・フリーマントルが登場するまでは。

（書下ろし）

スパイ小説が自覚したことは
ブライアン・フリーマントル『消されかけた男』

『消されかけた男』／ブライアン・フリーマントル稲葉明雄訳／新潮文庫／１９７９年

レン・デイトンの『ベルリンの葬送』が、品切れになっていたのには少し驚いた。調べてみると、ノエル・ベーンも、初期のロバート・リテルも、ブライアン・ガーフィールドの『ホップスコッチ』も、皆品切れなのである。本欄は、必ずしも入手可能な本だけをとりあげるのではないが、毎回品切れ本というわけにもいかない。スパイ小説の歴史をたどるのも、そろそろ切り上げ時なのだろう。

ブライアン・フリーマントルは冷戦末期に、それこそ真打登場という感じで出た、スパイ小説のエースである。必ずしもチャーリー・マフィンだけの人ではないが、しかし、このユニークなスパイの創造によって、評価が定まったのも、また事実だ。『消されかけた男』は、そのシリーズ第一作。

チャーリー・マフィンは、パブリックスクール出（たとえばジョージ・スマイリーのような）が、幅を利かせる英国情報部にあって、グラマースクール出身のため、窓際に追いやられている。ソヴィエトの大物スパイ、ベレンコフの逮捕という成果をあげてもなお、東独での活動では捨て駒にされそうになる。そんな折りも折り、ベレンコフの親友カレーニンが、西側への亡命を希望しているという情報が舞い込む。ソヴィエト諜報史の生き証人の亡命に、英米情報部は大量の部員を投入する。

ノンキャリアスパイという設定は、すでにデイトンが、存分に使いきったものだ。デイトンとフリーマントルを分かつのは、その謀略の無謀なまでの大掛かりさと、その大掛かりな謀略が、結局は、権力を握った者が、机上で弄んでいるだけのものにすぎないとする醒めた感覚だろう。謀略の大掛かりさと、それを描く際の固有名詞を多用した緻密さは、フレデリック・フォーサイスの『ジャッカルの日』以後常識になったものだ。同時に、それが大掛かりになればなるほど、そこから得られる成果は、相対的に貧弱なものになる。情報部の予算も議会の承認がうるさいといったディテイルに支えられたのが、初期のロバート・リテル作品であった。ここに到って、かつては冒険活劇の材料であった、国家による謀略は、イアン・フレミングが切り分けたホワイト・カラー側の愛玩物であることが、明らかになったのだ。

七〇年代以降のル・カレやリテルが、そうした組織そのものの悲喜劇を描いていた（社会の硬直性というのは、スパイ小説に限らず、戦後英国の文芸には広く見られるテーマなのだが）さなか、そういう状況でありながら、あるいはそういう状況だからこそ、国家をさえも相手にして、個人が一発ぶちかます痛快さを持ち込んだのが、フリーマントルであり、『シャドー81』のルシアン・ネイハムであった。二十世紀も後半を迎え、スパイ小説が自覚したのは、先進国において国家は弱いという事実なのだった。

（01年2月号を増補）

二十一世紀も十年以上が経過した現在の日本では、国家は弱いという実感は持ちにくいかもしれない。しかし、私は考えを改める必要をあまり感じていない。ちゃんと「先進国において」と断ってある。

■第二部

まだバリンジャーを読んでいない貴方へ

ビル・S・バリンジャー『赤毛の男の妻』『歯と爪』

『赤毛の男の妻』／B・S・バリンジャー大久保康雄訳／創元推理文庫／1961年
『歯と爪』／B・S・バリンジャー大久保康雄訳／創元推理文庫／2010年新版

ビル・S・バリンジャーを、貴方は読んだことがあるだろうか？　一見異なったふたつのストーリイを交互に描く手法で、一九五〇年代に、サスペンスに満ちたミステリを書いた。たとえば『赤毛の男の妻』。

赤毛の男ヒュウは、カナダの刑務所を脱走し、十代のころ結婚したマーセデスに会うため、ニューヨークに来る。しかし、彼が死んだものと思い込んでいた彼女には、別の夫がいる。なりゆきから、ヒュウは夫を射殺し、マーセデスとふたり逃走する。一方、ニューヨーク市警十九管区の刑事である「ぼく」は、この事件を担当し、マーセデスと、彼女の過去から浮かび上がった赤毛の男を追う。

逃げる赤毛の男とその妻を奇数章で、追う男を偶数章でと、異なった視点で交互に描いていく。もっとも、カットバックにトリッキイな作為を込めたという点で、同じ作家の『歯と爪』や『消された時間』の方が、日本では好まれているかもしれない。とりわけ『歯と爪』は、構成の奇抜さと仕掛けの巧みさで、代表作とされるのも、分からないではない。

『歯と爪』は、プロローグで、あるマジシャンの復讐の物語であることが示される。奇数章では、ニューヨーク地方裁判所の奇妙な裁判が描かれる。明白な殺人事件だが、死体が一晩かけて完全に焼却されていて、わずかに、指の先と歯が一本、それに死体を焼いた残りとおぼしい骨と灰が見つかる。被害者の死体は発見されないまま、裁判は被告に不利に進んでいく。他方、偶数章では、ニューヨークの若いマジシャンが、フィラデルフィアから出てきた娘と知り合い、互いに愛するようになる。

マジシャンと娘の出会いなど、ほぼ定跡手順みたいなものなのだが、第二章の幕切れの巧さは、ウールリッチなど問題にしない。甘さを描く簡潔さを、この作家は持っている。一方、平行して描かれていく裁判と復讐が、ともに佳境に入ってからも、展開を読ませない達者さは見事なものだ。

バリンジャーのカットバック手法は、『煙で描いた肖像画』に始まる。『消された時間』は、靴に高額紙幣を隠し持った全裸の男が発見され、それが、一方では死体で、他方では瀕死の重傷を負った記憶喪失者という出だしで、謎めいているということでは最高だ。もっとも、バリンジャーのそうしたテクニックの使用法は、ケレン味たっぷりで、派手なものだったので、そこにのみ関心が集中し、評価もその点しか見ないものであることが多い（代表例は新潮社の『海外ミステリー事典』。ほとんど愛情のない紹介といっていい）。

しかし、実際の魅力は、もう少しデリケイトなものだ。

『歯と爪』や『消された時間』に比べ、『赤毛の男の妻』は、ストレイトな追跡と逃亡のサスペンス小説である。にもかかわらず、なぜ、こんなに焦点深度が深い、豊かなサスペンス小説なのか？　そこに思いが行かないと、この小説は（そして、バリンジャーは）面白く読めない。結末で明かされる、刑事についてのある趣向は、確かに目立つ。だが、そこで、ああ、そうだったのかで終わるのでは、実は、何も読んだことになっていないのだ。彼が赤毛の男を追ってニューヨークを離れると、奇妙な会話や描写が現われる。しかも、そのことは、予め危惧されていたことのようだ。けれど、その正体に読者が気づくのは、結末を読んだ後だ。そのことだけでも、この小説の勝負どころが、最後のページを閉じたのちにあると分かるだろう。バリンジャーを、とりわけ『赤毛の男の妻』と『歯と爪』を、貴方には読んでもらいたい。そして、ここから先は、このふたつを貴方が読んでから、もう一度書くことにしよう。

（01年3・4月合併号／02年7月号をもとに大幅改稿）

限界状況での憎悪と差別感情

J・M・スコット『人魚とビスケット』

『人魚とビスケット』／J・M・スコット清水ふみ訳／創元推理文庫／2001年

J・M・スコット『人魚とビスケット』は、荒々しい物語だ。ミステリと呼ぶには躊躇させるものがあり、現代の日本人は、こういう話を消化しにくくなっている気が私にはするが、力強い小説であることに、間違いはない。

一九五一年のロンドン。デイリー・テレグラフ紙個人広告欄に、ビスケットという人物から、人魚という女性へのメッセイジが掲載される。ビスケットは人魚に会いたいのだが、人魚はかつての約束をたてに拒んでいる。やがて、ブルドッグという人間も広告欄に登場し、ビスケットに以前の盟約を守るよう迫る。ビスケットは、それでもあきらめず、かつて十四週間インド洋上を漂流した物語の出版社を紙上で募る。過去を公開することを切り札に、ビスケットは人魚と会う約束をとりつけてしまう。

このやりとりを読んだ「わたし」は、彼らの行動に介入しようとする。しかし、自分たちの過去に他者の介在を許さない彼らに容易には近づけない。ところが、ある事情が「わたし」をビスケットとブルドッグに引き合わせ、彼らの体験の書記を務めることになる。

第二次大戦のシンガポール陥落直後、商船がインド洋で沈没する。小さな救命艇にたどり着いたのは、男女三人のイギリス人船客、すなわち、ブルドッグ、ビスケット、人魚、それに混血のパーサーであるナンバー4。乏しい水と食料で、熱暑の大海を漂流する救命艇では、人間のエゴが剝き出しになり、イギリス人の男たちと、ナンバー4の間の険悪さは、一触即発の危機をはらむ。しかし、人魚の存在が、かろうじて破局を回避させているように見えた。

限界ぎりぎりの状況での、人間の憎悪を説得力をもって描いて、筆力充分だ。ただし、ここに出てくるイギリス人（正確にはスコットランドとアイルランドのようだが）の、黒人との混血のパーサーへの恐怖と嫌悪の念は、半世紀以上昔の話であることを割り引いても、なお理解しがたい。だが、その素朴で露骨な差別感情こそが、この力強いドラマを成立させていると言える。

局外者の「わたし」は、基本的な事件のいきさつを、ビスケットとブルドッグからのみ聞いている。彼らのナンバー4に対する恐怖と警戒心と不信感の正体は、読者には分からない。なぜなら、それはふたりにとっては自明で説明不用のものだからだ。この小説の複雑なナレイションの手続きは、いささか記述の信頼性を損ねている部分がある。しかし、ふたりの差別感情を表出させるために、この手続きは必要だったのだ。

（01年5月号）

『人魚とビスケット』のことは、山口雅也がミステリマガジンに連載していたプレイバックというコラムで知った。長らく、東京創元社のクライムクラブという隠れた名叢書の中の、隠れた名作として誉れが高かった。読むまでに何年かかったことだろう。私の年回りでは、そんなものだ。クライムクラブなんて、二十歳すぎて上京するまで、実物を見たことがなかった。改訳『殺人交差点』問題も直撃を受けている（何のことか分からない人は、瀬戸川猛資の『夜明けの睡魔』を、それも出来れば、ミステリマガジン連載分を見てください）。私は、いまだに、『連鎖反応』と合本になった、一九七九年七月二十日発行の創元推理文庫初版の『殺人交差点』しか所持していない。『連鎖反応』も、原作を読むより先に、ＮＨＫのドラマで見ていて、山田吾一演じる次長が手摺りにもたれて下品に笑う場面が記憶に残っている。私の年回りでは、そんなものだ。え？『殺人交叉点』？　きっと、面白いミステリだと思いますよ。

サスペンス溢れる知られざる傑作
ヒュー・ペンティコースト『狂気の影』

『狂気の影』／ヒュー・ペンティコースト久里瀬いと訳／ハヤカワポケットミステリ／１９６４年

高名な精神病理学者のジョン・スミスは、休暇を釣りで過ごすうちに、森の中で迷う。日暮れ近く、彼は機関銃を手にした男と出会う。男はスミスを拉致し、湖畔の別荘に連れて行く。機関銃男は、そこに自分の幼なじみたちを騙して招待し、監禁していたのだ。

機関銃男マークは、有名な法律家一族の青年で、下院選出馬の誘いを受けたが、彼の過去の犯罪を知る謎の脅迫者から、その話を断るよう指示した手紙が来ていたのだ。その脅迫者は、ここ数年、ことあるごとに、同じ手口でマークを脅迫し、ある時は判事職を辞退させ、ある時は嫌がらせのような突然の予定変更を迫っていた。マークの忍耐も限界に達し、脅迫のネタである事実を知る可能性のある友人たち全員を別荘に誘いだして、その中に一人いるはずの脅迫者を差し出さないかぎり、全員を殺すと宣言したのだ。そこへ迷い込んだスミス博士は、マークの友人たちに話をききながら、脅迫者を絞り込もうとする。

ヒュー・ペンティコーストは、昔からのミステリファンでも、名前を知っている程度だろう。翻訳された短篇の数はけっこうあるが、「子供たちが消えた日」が、やや評価されているくらい。長編は翻訳の数も多くない。本書の解説にしてからが、題名を「二流の人」とつけ、投げやりなのだが、どっこい、中身はとんでもなく面白いのである。

『狂気の影』は、異様だがシンプルな状況設定の中、一直線に話が進んでいく、サスペンス溢れる謎解きミステリだ。二十数年前の初読時は、そのサスペンスとページをめくらせる力を堪能したが、今回は、謎の仕組みぐあいにも感心した。正確にいうと、脅迫と途中でおきる殺人事件の犯人についての謎とその解決は、並の出来だ。より重大なのは、全体の悲劇を司った、ある悪意がもたらした謎とその解決で、こちらの方が断然素晴らしい。

アメリカの小さな町の幼なじみたち各人の描きわけも、なかなか達者で、それぞれのメンバーが、それぞれの個性を持ちつつ、その個性が、謎を深める役にも、謎を解く役にもたっているのが、さすがである。こういう、小説の王道がミステリの趣向に貢献する、ないしは、ミステリの趣向が小説的魅力を深めるという楽しさを、謎解きか小説かといった、粗雑な二項対立で失うことほど、バカげたことはない。精神科医のスミス博士が、狂気の隔絶を演出するマークを、一番に救うべき人間だと考えるのも、気持ちがいい。絶版なのがつくづく残念な知られざる傑作である。

（01年6月号）

ハウダニットを支えるもの

福永武彦『加田伶太郎全集』

『加田伶太郎全集』／福永武彦／扶桑社文庫昭和ミステリ秘宝／2001年

加田伶太郎は、福永武彦がミステリを書いたときに用いたペンネイムだ。一九七〇年前後に起きた復刊ブームの折りに、福永武彦のミステリを集めた全一冊本が『加田伶太郎全集』という書名で刊行され、これは、その後、もちろん福永武彦の全集にも収められている。

収録作品中、とくに問題にすべきなのは、やはり「完全犯罪」に始まる伊丹英典のシリーズだろう。私は、かなり昔、アンソロジーで「眠りの誘惑」を読んで、あまり感心せずに、そのまま過ごしてしまった。

都筑道夫は、黄金時代の本格を手本にすることからスタートして、モダーンディテクティヴストーリイに到達した例として、坂口安吾と、この加田伶太郎をあげている。都筑道大は「赤い靴」を買っているようで、被害者の姉の幽霊が、加齢した姿で現われるのはなぜかという謎を、評価している。また、「失踪事件」を誉めていて、それは、おそらく、論理によって、あいまいな失踪事件の状況の網をしぼっていくところに、好ましさを感じたのだろう。

「失踪事件」は伊丹英典ものの中でもユニークな部類に入り、推論の物語として典雅な出来となっている。しかし、加田伶太郎という作家は、本質的にハウダニットの人であり、犯行トリックの作家であった。そのことは、シリーズ最終作の「赤い靴」が、都筑の指摘にもかかわらず(そして、その指摘の部分が、作中の謎として、もっとも面白いものであっても)、殺害方法と、それが実行できる犯人像から、逆算された小説であることからも分かる。純粋な推論が取り柄の「失踪事件」でさえ、結局は、犯人の作為にかなりの筆を費やす結果になっている。

にもかかわらず、凡百のハウダニットが持つ退屈さから、この短篇集はまぬがれている。それは、なぜか? 答えは、あっけないほど簡単だ。トリックが犯行の仕掛けが、犯人の心理と行動の合理性を裏切っていないからだ。のみならず、集中のすぐれた作品では、犯行トリックが、犯人や被害者の心理を雄弁に物語るものになっている。

その意味で、私は「温室事件」をベストと考える。非常に作為的で人工的な密室トリックでありながら、犯人の性格と、被害者の置かれた状況を、名探偵が推論することで、密室が完成するまでの手順が、説得力をもって再現される。〈誰がいかにして殺ったか〉という、愚直としか言いようのない、問題設定を主眼にしながら、なお現代の鑑賞に耐えるのは、関係者の性格と心理をゆるがせにしない、小説家としてのセンスのおかげとしか言いようがない。

（01年7月号）

文中に出てくるアンソロジーというのは、立風書房から出ていた『現代の推理小説』全四巻だ。日本のミステリの戦後二十年間を俯瞰する、立派なアンソロジーで、創元推理文庫あたりに入れるとかして、残す価値があると思う。

いわゆるひとつの名人芸
アガサ・クリスティ『死との約束』

『死との約束』／アガサ・クリスティー高橋豊訳／ハヤカワクリスティー文庫

『死との約束』は、クリスティの作品中で、必ずしも出来の良い部類ではないだろう。もっと凄い小説をあげていけば、片手ではとても足りない。今回、何冊もあるハヤカワミステリ文庫のクリスティの中から『死との約束』を手にとったのに、とりたてて意図はない。にもかかわらず、充分満足させられた上に、後年のクリスティ、後世のミステリを考える上で、大切な要素を多く含んでいると思った。

殺人に到るまでに筆の多くを費やし、その間に伏線を張り巡らせるという、クリスティ十八番の方法は、一般的には『ゼロ時間へ』以降、晩年のクリスティに顕著とされている。だが、クリスティには、もともと、殺人までに多くページをとり、そこに力を注ぐ傾向はあって、一九三八年作の本書も、唯一の殺人が起きるのは、全体の三分の一強を占める第一部の最後である。

本書の被害者は、家族に絶対的な権力をふるう一人の老婆だ。第三者から見れば、ひ弱な老人にしか見えない彼女は、四人の娘と息子と一人の嫁を、あたかも家庭の中に監禁しているかのように、他人と交わらせず、狭い世界の中で専制的に振舞う。ファシズム台頭する当時の世相を重ね合わせることも可能だろうが、少なくとも、この被害者とその家族の性格を読者に説得力をもって呑みこませるには、かなりのページ数と、物語る巧さが必要だ。

小説は、ポアロが「彼女を殺してしまわなきゃいけないんだよ」という男女の会話を、聞いてしまうところから始まる。ただし、第一章では、ポアロの登場は、この後わずかしかない。家族を外界から隔離しているかのような老嬢が、なぜ一家で中東旅行に出たのか？　殺人の起きた日、被害者が家族を外出させたのはなぜか？　後期クリスティを知る人ならニヤリとするだろう、被害者が死の数日前、ある人の肩越しに何かを目撃する場面も登場する（これを後期クリスティ問題と名づけるのは、どうだろう？）。

これらの謎の解決は、いくつかは面白く、いくつかは平凡だ。とくに、犯人の第一部での描き方に一工夫が欲しく、『葬儀を終えて』『ねじれた家』といった作品に比べて劣るのは、そのためだ。しかし、ささやかだが魅力的な、登場人物たちのふりまく謎を描きながら、殺人に到るまでをていねいに物語る第一部は、パズルストーリイに必要なのは、まずこの部分なのだと思わせる。クリスティの名人芸は、この部分で、これは殺人が起こって当然だ、あるいは、いかにも殺人が起こりそうだと、読者に思わせるところにある。

その上で、登場人物の周囲には砂以外に何物もないという空虚さを、この小説ははらんでいるのだが、それは、また別の話。

（01年8月号）

アイロニーいっぱいの遺産相続ゲーム

トマス・スターリング『一日の悪』

『一日の悪』／トマス・スターリング恩地三保子訳／ハヤカワポケットミステリ／1958年

トマス・スターリングは、アメリカの作家だが、紹介された当初は、イギリスの作家ではないかと言われていた。一九五〇年代に数本のミステリを書いて、その後のことは分からない。邦訳があるのは二作で、処女作の『ドアのない家』は未読だが、五五年の『一日の悪』は、いかにも五〇年代のミステリらしい、しゃれた秀作だ。

アメリカ人の西部劇映画の悪役俳優であるウイリアムが、ヴェニスにやってくる。ローマで食いつめ、秘書の求人広告を見たのだ。ヴェニスに長年住む富豪のフォックスは、退廃的で底意地が悪い。彼が企んでいるのは、自分の財産を餌に、三人の知人をヴェニスに呼び、余命いくばくもないと思い込ませ、彼らのうち一人を遺産相続人に指名するとほのめかして弄び、ついでに、なにがしかの金をまきあげようという、タチの悪いゲームだった。選ばれた三人は、アメリカ人の富豪の末裔、イギリス人の斜陽貴族、アメリカ人のフォックスの前妻。ともに、喉から手が出るほど、遺産を欲しがっている。

作中でも触れられるように、これは、イギリスの劇作家ベン・ジョンスンの戯曲「ヴォルポーネ」を下敷きにしている。「ヴォルポーネ」は、ヴェニスの金持ちヴォルポーネ（ヴォルペはイタリア語で狐の意）が、やはり、自分の財産を餌に、下男のモスカ（イタリア語で蠅）を使って、三人の男から金をまきあげる。ところが、フォックス氏の企みは、その途中、彼の前妻の死によって、狂いが生じていく。

「銀行の報告はすぐほうりだしたが、食料品の勘定書は注意ぶかくしらべる」アメリカ人の金持ちを、「ドルよりもセントに興味を持っている」と書く、斜に構えた描き方だ。そのアイロニカルな眼は、罠にかける人間とかかる人間の双方ともに向けられる。そうした筆致で表される、陰謀の歯車がまわっていく様を、ゆったりと楽しむ小説だ。冒頭に登場する、ニューヨークにいたことのあるゴンドラ乗りや、フォックス氏の奇妙な家といった細部も魅力を放っている。

そんな楽しさは、確かに、イギリスふう、ないしはヨーロッパふうかもしれない。だが、ヴェニスを見る著者の眼は、やはり、アメリカ人のそれのように、私には見える。もっとも、そのことは、この小説を楽しむなんの邪魔にもならない。それよりも、訳が古びているのが、仕方ないこととはいえ、残念だ。その点だけは留意して読まれることをお勧めする。

（01年9・10合併月号）

「ジェミニイ・クリケット事件」と「ジェミニー・クリケット事件」

クリスチアナ・ブランド「ジェミニー・クリケット事件」

『招かれざる客たちのビュッフェ』／クリスチアナ・ブランド深町眞理子他訳／創元推理文庫／1990年

『51番目の密室』／早川書房編集部編ハヤカワポケットミステリ／2010年

クリスチアナ・ブランド「ジェミニイ・クリケット事件」の旧版（アメリカ版）が、「ジェミニー・クリケット事件」の邦題で、『北村薫の本格ミステリ・ライブラリー』に入った。ミステリマガジンに訳出され、世界ミステリ全集第十八巻『37の短篇』に収録されたのち、長らく入手困難だったものだ。この際、ブランドの短篇集『招かれざる客たちのビュッフェ』所収のイギリス版「ジェミニー・クリケット事件」との違いを指摘しておきたい。

決定的な相違は、冒頭の部分でもたらされているので、引用しておく。

「老人は、つい歓声をあげずにはいられなかった。『これはこれは、坊や、よくきたな。おまえに会えるなんて、なんてうれしいんだろう（以下略）』」（アメリカ版）

「老人は、若者と知り合いになれるのを心から喜んだ。『これはこれは、お若いの、よくきたな。近ごろは、めったに珍しい顔にお目にかかることもない（以下略）』」（イギリス版）

前者は老人と若者は旧知の仲であり、後者は老人が未知の人間と知り合ったと読める。この人間関係は、小説の結末とも不可分で、ふたつの版は、小説の作りがそもそも異なっているのだ。

事件は、若者の養父でもある弁護士殺害と、一見関連の分からない警官殺しとから成る。弁護士殺しは、一応、密室ものと言えるが、警官殺しのホワイダニットの面白さと、なにより、結末の不気味さで、この短篇は名を残した。

先に指摘した、人間関係の相違について、深町眞理子の訳は、老人が青年を呼ぶときの二人称を、アメリカ版は「おまえ」、イギリス版は「きみ」と訳し分けている。この違いは、結末で、前者は老人が謎を解き、後者は犯人が告白するという違いを産むのだが、実は、そこで、ブランドは非常にあいまいな叙述を用いている。肝心な部分は三人称で書かれ、イギリス版では、犯人を you と呼び、そこは「おまえ」と訳されている。

したがって、正確には、誰が事件の謎を解いたのかは、はっきりしない。すでに事件は裁判で解明されており、老人が新聞でジェミニー事件を知っていたことは確実だが、どこまで知っていたのかは分からない。極端な話、事件の全貌を知り、なおかつ犯人あてゲームを老人が挑んだ可能性さえあり、しかも、そういう意地悪さは、解釈として魅力的でさえある。

さらに、この密室は必然性が薄いのだが、それを感じさせないのは、犯人の造形のためだ。だが、それを単純な血の問題とするのは、慎まねばならない。それでは、たとえば、題名に madman とうたいながら、狂気とは無縁だったヒラリー・ウォー『待ちうける影』の凡庸さと、選ぶところがない。詳細を書く余裕はないが、この短篇は、そんなヤワなものではないのだ。

なお、このアンソロジーのアメリカ版冒頭は、世界ミステリ全集版に、訳者の手が入っている。その原文はThe old man simply couldn't get over it. 手元の辞書によると、get overには回復するの意もあるという。

（01年11月号）

アメリカ版「ジェミニイ・クリケット事件」は、その後、『37の短篇』の再編集版アンソロジー『51番目の密室』に収められた。クリスチアナ・ブランドの「ジェミニイ・クリケット事件」は、私の知るかぎり、二十世紀に書かれた最高の短篇ミステリだが、それだけに論じることも、また難しい。この稿を目にとめた、東京創元社の戸川安宣さん（現在は退職されている）が、もう少し詳しく書かないかとおっしゃってくださり、創元推理に「誰が謎を解いたのか？――『ジェミニイ・クリケット事件』小論」を書いた。当然ながら、そちらも読んでいただく方が、私としては嬉しいが、そのきっかけとなった文章として、この稿も残すことにした。

その一方で、この作品については、いまだに、うまく論じきれていないという思いがあり、いつか決着をつける必要があるのだろう。確実なのは、ふたつある「ジェミニイ・クリケット事件」のどちらが良いかというのは、不毛な設問で、この作品はふたつのテキストが二重星となることで、ユニークで異様な傑作となっているというのが、私の到るにちがいない結論である。

ロス・マクドナルドが生涯描き続けたもの

ロス・マクドナルド『ブルー・ハンマー』

『ブルー・ハンマー』／ロス・マクドナルド高橋豊訳／ハヤカワミステリ文庫／1987年

ロス・マクドナルドは、アメリカ最良のミステリ作家のひとりだ。一般的には、ハードボイルド作家ないしは私立探偵小説作家と位置づけられる一方、とくに後期作品に顕著な、複雑なプロットと犯行の隠蔽の仕方が、謎解きミステリファンをも魅了している。

この人の武器は、おちついた密度のある文章と、複雑な事件と人間関係をさばく構成力だ。そして、それはミステリのみならず、小説家全般で見て、かなり高いレヴェルにある。初期に『犠牲者は誰だ』『運命』『ギャルトン事件』など意欲に満ちた作品群があり、六〇年代に『ウィチャリー家の女』『さむけ』などの野心作があり、晩年には『一瞬の敵』『地中の男』『眠れる美女』などの円熟した作品群がある。

『ブルー・ハンマー』は遺作となった一九七六年の作品。私立探偵リュウ・アーチャーの今回の依頼人は、銅山主の富豪で、盗まれた地元の著名画家の絵を取り戻してほしいというもの。どうやら、ひとり娘の恋人で三十過ぎても未だ美術専攻の学生である男が持ち去ったらしい。アーチャーは絵を追うが、そもそも、その画家が二十五年ほど前に失踪していて、絵を探すアーチャーの前に、関係者の死が相次ぐ。

ある家庭に起きた過去の事件と、大掛かりな隠蔽という、ロス・マクドナルドが生涯描き続けたモチーフが、ここでも描かれる。その上で『ブルー・ハンマー』に特徴的なのは、たとえばアーチャーが「わたしはいままでに数十件の殺人事件を手がけてきました。その多くは連続殺人事件でした。そのほとんどの場合、事件は何らかの点で関連がありました。(中略)一連の状況を細かく分析すればするほど――いっそう多くの関連性が発見されるものなのです」と言ってみたり、ある女のくすくす笑いを「ふしだらな若い女」のように聞きとり、それを「彼女が息子に対して抱いている感情の現われかもしれない」と考えるところにある。それらは、ほとんど過去のロス・マクドナルド作品の要約ように見える。

過去にひとつの作品全体として示したものを、煎じ詰めてアーチャーが言及するのは、ある意味で自己模倣だろう。それが作家としての衰えなのか、過去を一からげにした上での進歩がありえたものなのか、私には分からない。確かなのは、複雑な過去が明らかになり、ある悲劇的な状況下で父と息子が出会う、その場面でロス・マクドナルドが小説を終え、それが彼の描いた生涯最後の場面になったということだ。自分が何者の子どもなのか。そんな単純な質問の答えを得るのに、かくも複雑なプロットを必要とする。ロス・マクドナルドの小説が示しつづけたのは、その一事なのだった。

（01年12月号）

居心地の悪さ抜群の食えない短篇集

パトリシア・ハイスミス『世界の終わりの物語』

『世界の終わりの物語』／パトリシア・ハイスミス渋谷比佐子訳／扶桑社／2001年

パトリシア・ハイスミスの『世界の終わりの物語』は、どう読んでも、ミステリとは言えないだろうが、いかにもハイスミスらしい、食えない小説の揃った短篇集である。

解説で、若島正は「小説はどんなことを題材にしてもいいし、それをどう書いてもいい」が

「やはり『書いてはいけないこと』は歴然としてある」とした上で、それをしたのが、アンブローズ・ビアスやイーヴリン・ウォーであり、ハイスミスにも、彼らと同質なものを見出すとしている。まことに、その通りで、この短篇集の居心地の悪さたるや抜群である。

もっとも、若島正は続けて「これを評してブラック・ユーモアと呼ぶのは、事態をごまかすことにしかならない」と書くが、私に言わせれば、この短篇集は、ブラック・ユーモア以外の何物でもない。そう呼んで、事態をごまかされてしまうなら、ごまかされてしまう方が悪いのである。

ブラック・ユーモアには、現実のデフォルメが必要だ。「奇妙な墓地」や「バック・ジョーンズ大統領の愛国心」がSFと見まがうのも（別にSFでも構わないのだが）、「見えない最期」がホラ話めくのも、デフォルメと飛躍のせいだ。そして、ここに収められた作品の居心地の悪さは、そうしてデフォルメされた現実の問題が持つ、解決のつかなさ、ミもフタもなさのためなのだ。

たとえば「ナブチ、国連委員会を歓迎す」は、イーヴリン・ウォーの『黒いいたずら』を連想させるが、こういう場合、往々にして陥るのは、単なるアフリカ蔑視、未開という概念の盲信とそれへの嫌悪である。そこをすり抜け、なおかつ居心地の悪い狂騒を描いたから、この短篇は集中随一のものになった。ブラック・ユーモアには、現実のデフォルメが必要だが、そのデフォルメは、常に、もっとも安直で傲慢な、問題の把握の仕方と、隣り合わせになっている。

そういう意味で「自由万歳！　ホワイトハウスでピクニック」は、コトの本質を摑み損ねている。そのため、諷刺として鈍く、鈍感である。にもかかわらず、そんな凡庸な作品に登場する、ミス・ティラーとバートのコンビは、この短篇集でもっとも魅力的な登場人物なのである。そして、彼らの部分だけは、シャープで皮肉な文明批評になっているのだ。そこにあるのは、ブラック・ユーモアの高らかな笑い声ではなく、人間の愚かしさに対するほのかな苦笑だが、この短篇集を覆う、もうひとつの特性は、この感覚なのである。

（02年1月号）

トリッキイな論理の小説

泡坂妻夫『煙の殺意』

『煙の殺意』／泡坂妻夫／創元推理文庫／２００１年

四年ほど前の話だ。泡坂妻夫の『亜智一郎の恐慌』という短篇集が出た。そのときに書評を書いたのだが、一定の面白さは認めながらも、いまひとつ、賞賛しきれなかった。当時の実感は「『煙の殺意』のころの泡坂妻夫だったらなあ」というものだった。

泡坂妻夫は、一九七六年に「ＤＬ２号機事件」で、幻影城の新人賞に佳作入選した。『煙の殺意』は、その後の三年あまりの間に、幻影城やその他の中間小説誌に書いた、ノンシリーズの短篇を集めたものだ。私は単行本を友人から借りて読み、いたく感心したものの、世間ではそれほど評価されず、一度文庫にもなったはずだが、ほとんど顧みられることなく二十年が過ぎた。

短篇小説のある伝統的なモチーフに挑んだ「閏の花嫁」と、倒叙ないしはクライムストーリイのパターンを踏んだ「歯と胴」の二短篇以外は、どれもトリッキイな論理の謎解きミステリだ。初読のときも、そして、今回再読しても、私の集中のベストは「紳士の園」だが、今回「椛山訪雪図」の豊かな滋味にも感心した。この短篇や「狐の面」などにも言えるのは、その作品の語り口が、謎解きをも含めた全体の雰囲気にマッチしていることだ。それは「紳士の園」の、そらっとぼけたユーモアにも当てはまることで、非常に巧緻に創られた小説群なのである。

にもかかわらず、論理マニアのパズルストーリイファンが、この短篇集に不満を持つ図を、私は懸念する。たとえば表題作の「煙の殺意」である。とてつもないホワイダニットという以外にないし、それ以上は書けない（『亜智一郎の恐慌』中の「薩摩の尼僧」に類似のテイストを感じる）。ただし、ここでもたらされる解決は、解釈のひとつでしかない。アクロバティックで鮮やかで、読後、確かにこれ以外の解決は考えようもないが、しかし、その他の解釈が否定されているわけではない。簡単に言ってしまえば、謎を解いた望月と斧のコンビは、それで犯人を逮捕出来るものかどうか。

「紳士の園」の巧妙さ新しさは、そこをすり抜けているところにもある。主人公のコンビは、ある奇妙さに気づき、本能的にその場を逃げ出す。彼らは正確にはコトの真相を証明してはいないが、それは緊急に避難するには充分な論拠だ。論証には必要十分条件が必要でも、人の行動を促すには十分条件だけでいい。そして、謎を解くとは、そのどちらであるのか?

右の点は、実は、パズルストーリイに関する議論の焦点でもあるのだ。

(02年2月号)

パズルストーリイの傑作が持つ大きな瑕

高木彬光『人形はなぜ殺される』

『人形はなぜ殺される』/高木彬光/光文社文庫高木彬光コレクション/2006年

高木彬光の『人形はなぜ殺される』は、日本のパズルストーリイの中でも屈指の面白さ(今回を含めて、私は何度この角川文庫版を読んだことだろう)と同時に、たいへん大きな瑕を持つ傑作である。

人間の首を持ち去る前には、人形の首を持ち去り、人間を列車に轢殺させる前には、人形を列車に轢殺させるという、犯人の奇妙な行動がもたらす不可解さには、とびきりの魅力がある。解決の意外性と鮮やかさには脱帽の他はなく、これほど大仕掛けな犯行にもかかわらず、それを絵空事に見せない犯人像と状況設定の工夫は、一流の技と言うべきだ。

発表から半世紀を経た現在、この小説に描かれる犯行は、実現不可能になっている。第二幕の中核を成す犯人のトリックが、すでに不可能なのは、有名な話だが、第一幕の犯行も、いまや鑑定で一発だし、「入らなければ出られない」という、これまた著名なフレーズも、出来るだけ入れないようにしようという方針になっているのが昨今の現状だ。これでは、犯行の根本が、ひいては小説の根本が揺らいでしまう。

だが、もちろん、それらのことは、瑕でもなんでもない。

この小説の弱点は、第四幕の前半にある。名探偵神津恭介は真相を解明する。だが、その直前まで五里霧中だった神津恭介が、どのような思考の過程を経て、解決に到ったのか、実はハッキリしない。この小説の神津恭介が精彩を欠くのは、なぜ彼に事件を解決できたのかという点に、まったく説得力がないからだ。

とびきり魅力的な謎に、とびきり魅力的な解明が与えられるにもかかわらず、この小説の持つ最大の欠点は、殺人計画の素晴らしさを強調するあまり、その解明が人間の知恵でなされうるというパズルストーリイの真髄を、著者がどこかに置き忘れてしまったらしいところにある。極めて精巧かつチャーミングなうえに合理性を忘れることのない、パズルストーリイのお手本のような犯罪の謎を創造しながら、そして、のちのちまで通用する論理のアクロバット（犯人の変装道具が見つかった理由）まで用意しながら、名探偵がなぜ解決に到ったかの論理を用意できなかった。

本書は一九五五年に書かれ、直後に、松本清張の出現により、本格推理小説は一度息の根を断たれたというのが定説だ。しかし『人形はなぜ殺される』の持つ素晴らしさと瑕とは、社会派の出現とは無関係に、当時のパズルストーリイが抱えていた問題点を示しているように、私には思えてならない。

（02年3・4月合併号）

たとえば石上三登志は、『男たちのための寓話』で、日本の本格ミステリの持つ傾向として、こんな指摘をした。「探偵の自己主張よりも、犯罪世界の持つ甘美な魅力の方に、多くの作家が誘惑された」。そして、戦前の浜尾四郎を例にとって「おそろしく論理的であるだけの事件が先行するあまり、名探偵はただただ論理的にそれを解読する役割しか与えられなかった」と。

また、都筑道夫は『黄色い部屋はいかに改装されたか？』の結論部分、名探偵を待望するくだりで、次のように書いた。「日本の推理小説は人間が書けていない、小説ではない、という攻撃がおこなわれたとき、名探偵は没落しました。たしかにアメリカ型アマチャー探偵の悪影響があったことは事実です。探偵よりも、犯人を重視しがちな欠点も、ありました」。これらの指摘は、初読時には、なにを書いているのか実感できなかった文章だが、いまにして、貴重な指摘であったと思う。加えて、高木彬光にとりわけ顕著で、日本の謎解きミステリ作家におしなべてみられる、看過できない傾向として、謎解きミステリを、犯人あて＝作者対読者の対決と捉える癖がある。短篇「妖婦の宿」など、そこまでして犯人あてに勝ちたいかと思わせる作家の執念が、ああいうユニークな作品を書かせたとも言える。『人形はなぜ殺される』に挿入された読者への挑戦状も、どう見ても本気であろう。だが、それは、作家が犯人の完全犯罪へバランスを失して肩入れする、謎解きミステリとしては矛盾しているとしか言いようのない、歪な執筆態度と紙一重であった。そこをいかにして突破するかというのは、案外、論じられていない問題のように思える。

タネも仕掛けもなさの正体は？

ネビル・シュート『パイド・パイパー　自由への越境』

『パイド・パイパー　自由への越境』／ネビル・シュート　池央耿訳／創元推理文庫／2002年

ネビル・シュート『パイド・パイパー』の解説で、北上次郎は「旅の途中のさまざまな困難を一つずつ克服していく」と書き、脱出行のディテイルを描く「それだけの小説」と指摘している。

一九三九年、ドイツ軍のポーランド侵攻で第二次世界大戦が始まる。翌年のドイツ軍によるフランス侵攻の直前、イギリス空軍パイロットだった息子が戦死し、失意にある主人公の老人は、ドイツ軍の戦略を知る由もなく、スイス国境のフランスの村に旅に出る。そこで、ジェネーヴの国際連盟に勤務するイギリス人から、ふたりの子どもをイギリスに連れて帰るよう頼まれる。息子の死後、戦争に対し無関心になっていた彼は、子どもを託されることで、にわかに責任を引きうける身となる。

小説の興味は、主人公たちが、ドイツ占領下のフランスから逃れられるかいなかに、大きなウェイトがあるから、脱出ものの冒険小説の形を取る。シャーロット・アームストロングの『毒薬の小壜』が、追跡ものの冒険小説の形を取っているのと同じことだ。ただし、それは小説の形での分類にすぎない。

『パイド・パイパー』と題されたことからも分かるように、老人のもとには、次から次へと子どもたちが集まってくる。しかも、その子どもたちは各々国籍も違い、言葉さえ通じないこともある。その設定自体が「欧州情勢は複雑怪奇」であることを示している。メカ好きなロニーは敵味方を問わず、その兵器に興味を示す。しかも「悪い飛行機はドイツ軍。いい飛行機はイギリス軍」と無邪気そのもので、老人を当惑させる。フランスの軍医は、ドイツの電撃作戦を受けてもなお、フランスが戦争に巻き込まれたのが間違いだったと考えている。ナチへの復讐に燃えるユダヤ人少年は、ドイツ人の女を殺せばドイツ人が増えないから、そのうちドイツ人はいなくなると、ドイツ人以上にドイツ人だ。ブルターニュの猟師の話し言葉がゲール語の類縁で、ウェールズ人にも通じたなんて、私は初めて知った。

こうしたディテイルは、すべて、ヨーロッパの持つ複雑さや悲劇性と本質的な部分で関連しており、かつ、小説のプロットと不可分だ。小説の持つディティルとは、本来、こうあるべきであり、『パイド・パイパー』のタネも仕掛けもなさの正体は、この、小説におけるディティルの基本に忠実なことなのである。

(02年5月号)

パズルストーリイ砂漠に湧いたオアシス

アイザック・アシモフ「忍び笑う筺」

『黒後家蜘蛛の会1』/アイザック・アシモフ池央耿訳/創元推理文庫/1976年

一九七二年の話である。その前年にミステリマガジンの存在を知った中学生の目には、翻訳のパズルストーリイは、新作がないに近い状態だった。長編こそジョイス・ポーターやパトリシア・モイーズが訳されていた(しかし、彼女たちの秀作の大部分は、六〇年代に訳しつくされていた)が、短篇はイケナイ。当時のミステリマガジンの主力は、シャーリイ・ジャクスン、スタンリイ・エリン、リチャード・マシスンといった異色作家短篇集の系列であり、デイヴィッド・イーリイ、パトリシア・ハイスミスなどのクライムストーリイ、あとはデイモン・ラニアン、バッド・シュールバーグといった都会小説、ジャック・フィニィ、カート・ヴォネガット（当時はJr.）などだった。

パズルストーリイの定期的な供給は、エドワード・D・ホックとウイリアム・ブルテンという、二線級の作家に頼っていた。二線級というと失礼かもしれないが、ローテーションを守るだけが取り柄のピッチャーだ。ジェイムズ・ヤッフェのママシリーズも、ハリイ・ケメルマンのニッキイ・ウェルトものも、書かれなくなっていた。ちなみに、P・D・ジェイムズの長編は未訳、コリン・デクスターは存在せず、ルース・レンデルが優秀なクライムストーリイの書き手であることを印象づけた短篇「カーテンが降りて」が出た（このときは興奮した）のは、二年後のことである。

そんな状況下に、アイザック・アシモフの「忍び笑う箆」が翻訳された。その号のミステリマガジンは、本格探偵小説特集だったが、この短篇は、その特集には入っていなかった。いまとなっては、そのことに驚く人もいるだろうが、この短篇だけを読めば、これが、人間心理の盲点をついた洒落た短篇ミステリではあっても、厳密には、名探偵の物語ではないことに気づくだろう。事実、半年後に「いかさま博士」が訳されたとき、シリーズになったことが、嬉しくも驚きだった。

シリーズ化されてみると、グループで推理を重ねるアームチェア・ディテクティヴの形式といい、独特の軽さといい、その特徴が、必ずしもプラスに働いているとばかりは言えない。それでも、この、シリーズ第一作と、傑作「明白な要素」で、その形式を極限まで展開して見せた。なにより、パズルストーリイファンにとって、それは砂漠のオアシスだった。

七〇年代に登場した、この秀れたシリーズ〈黒後家蜘蛛の会〉の第一作「忍び笑う筐」は、現在「会心の笑い」という邦題で、創元推理文庫『黒後家蜘蛛の会1』に収録されている。明らかにマイルストーンとなる作品である。

（02年6月号）

アメリカ白人にとっての怪物領域

マーガレット・ミラー『これよりさき怪物領域』

『これよりさき怪物領域』／マーガレット・ミラー山本俊子訳／ハヤカワポケットミステリ／1976年

マーガレット・ミラーは、一九五〇年代の作家と思われがちだ。MWA賞受賞の『狙った獣』が一九五五年、傑作『殺す風』が一九五七年の作品だから、そうなるのも仕方ないといえば仕方ないのかもしれない。それ以前の『鉄の門』と、この二作に言及して、それで終わりになってしまう。しかし、一九六〇年代以降の奇妙な作品群を無視してはいけない。とくに一九六二年の『まるで天使のような』と一九七〇年の『これよりさき怪物領域』は、従来のミラーのイメージを裏切っている点でも、ミステリ史の中で、居心地悪そうにしている点でも、注目に値する。

カリフォルニアもメキシコとの国境の近く、一年前に行方不明になった農場主ロバートの死亡を、法的に確定するための審問が始まろうとしている。問題の夜、食堂には大量の血痕が残り、血まみれのナイフも発見され、同時にメキシコ人季節労働者のグループが逃亡していた。失踪の半年前ニューヨークで知り合い、二週間でロバートの妻となったデヴォンをはじめ、農園のメキシコ人マネージャー一家、ロバートの母親、事件を捜査したメキシコ人刑事、隣家の農場のやもめ（亡妻はロバートと関係があったらしい）といった人たちの、誰にとっても、ロバートの事件は明白なものだった。だが、ロバートの母は息子が生きていると思いたいがために、目前にせまった審問に消極的だった。

一九五九年の『耳をすます壁』以降顕著なのは、ミラーのメキシコへの執着だ。とくに本書において、東部から嫁いできたデヴォンには、メキシコに浸食されているかのような、この土地は、驚異と脅威以外の何物でもない。料理人の使うスペイン語のはずの言葉は英語だと言われ、日ごろ枯れた川は、ある時突然水が人を飲み込む。農場の運営はメキシコ人なしでは考えられないが、しかし、彼らとのコミュニケーションは互いに避けあっている。

これを三十年以上前の話ととるか、アメリカ白人の心の根底に、いまもあるものととるかは、議論が分かれるだろう。どちらにせよ、この小説が真に不気味なのは、自分たちとは異質なメキシコ人抜きでは生活すら考えられない白人が、自分の欺瞞を押し通すことにさえ、彼らを利用し、彼らにすがろうとするところにある。真相が判明した後の終章で露呈する不気味さは、そこにつきる。自分たちを飲み込む「怪物領域」とは、中世の地図に書かれた、世界の外側を指す言葉だった。ボーダーレスとグローバルスタンダードの裏側には、それを推進する側の、このような恐れが貼りついているのである。

(02年8月号)

落ちついた描写が上品なサスペンスミステリ

ノエル・クラッド『ニューヨークの野蛮人』

『ニューヨークの野蛮人』/ノエル・クラッド宇野輝雄訳/ハヤカワポケットミステリ/1964年

ノエル・クラッドの『ニューヨークの野蛮人』は、評価されているのをあまり見たことがない。目につくのは、都筑道夫の評論集『死体を無事に消すまで』に収められている「ノエル・クラッド」という文章だが、それは原著刊行直後に、日本語版EQMMの、近刊案内も兼ねた未訳のミステリを紹介するページに、書かれたものだ。原著は一九五八年末に英米で同時に出版されたが、翻訳が出たのは、六年ほど経ってからだった。

ジョン・トリーという黒い髪の男が、クリスマスを目前にした雪のニューヨークを歩いている。彼は酒場で落ち合った男に連れられて、オフィスビルから出てくる相手を確認する。連れの男が女を示したのにトリーは驚く。「シンジケートが女を殺《ば》らす仕事までひきうけるとは知らなかった」からだ。

トリーは、ワイヤ一本でドイツ兵の一小隊を全滅させた第二次大戦の英雄だ。いまはシカゴのフランクからまわってくる殺しの仕事をしている。彼はショショニ族インディアンの出で、戦士だった祖父の強い影響を受けている。トリーは女を殺す気になれず、フランクに電話を入れ、この仕事から下りることにする。フランクは代わりの殺し屋に引継ぎをするよう指示する。ところが、暇な時間を持て余した彼は、何気なく標的の女の家に忍び込む。そこで、彼は、彼女の幼い一人息子に顔を見られ、しかも、翌日、偶然、彼ら二人と街で再会してしまう。

都筑道夫が指摘するとおり、この小説の長所は、正攻法の描写で、ニューヨークの街と、そこで窮地に陥った主人公を描くところにある。師走の街の浮き足立った雰囲気が巧く出ているために、それを背景にしたサスペンスが生きている。この小説が、いま書かれたなら、引継ぎに来る殺し屋や、嗜虐性のある依頼人に、もっと筆を割くのだろうが、そうならないところに上品さがある。他方、クエーカー教徒である標的の女や、トリーに教養の大切さを説く実業家ギャングのフランクといった人物に対して、トリーが抱くあこがれと違和感が、この小説の核心部分だ。それは、インディアンであることに誇りを持ちながら生きている彼が、アメリカの社会に対して持つ、あこがれと違和感の具体化したものだ。

だが、その核心部分が、小説のクライマックスに生きてこないために、ラストが少々弱い。しかし、落ちついた描写が、サスペンスミステリのかくも強力な武器となることを再認識させてくれる。現在簡単に読めないのが非常に残念な一冊である。

（02年9・10合併月号）

愛のない支配で蝕まれるもの

スーザン・ヒル『ぼくはお城の王様だ』

『ぼくはお城の王様だ』／スーザン・ヒル幸田敦子訳／講談社／2002年

昨年、作家の皆川博子さんに、幼いころから読んできた本について話をうかがった。そこでは、昔の話を聞くことに主眼をおいたため、戦後に読んだ本は、リストに名をあげるだけにとどめたものが多くなった。そのインタビューは、『はじめて話すけど…』という本に収めたが、その刊行と前後して、リストに含まれていたスーザン・ヒルの『ぼくはお城の王様だ』が、新しい訳によって出版された。原著刊行は一九七〇年である。

この小説は、ミステリとは言えないかもしれない。だが、ミステリ好きには、ヒュー・ウォルポールの短篇「銀の仮面」や、シャーロット・アームストロングの中篇「あほうどり」といった作品を好んできた伝統がある。この欄で取り上げるのを躊躇しないのは、そのためだ。

ジョゼフと息子エドマンドのフーパー親子が、ジョゼフの父の死を機に、ウェアリングズ館に住むことになる。ジョゼフは亡父に愛情を感じず、息子との関係も、ぎくしゃくしている。引越しと同時に家政婦を募集し、それに応じて、ヘレナ・キングショーがやって来る。彼女は夫と死別し、ひとり息子のチャールズを抱えている。館には、ミセス・ボーランドという家政婦が、ちゃんといて、ジョゼフとヘレナは、互いに初めから再婚を目論んでいる。しかし、同い年のふたりの少年は、初対面から、互いに好意を持てない。のみならず、エドマンドはチャールズにこっそりメモを渡す。「おまえたちなんかに来てほしくなかった」と。

森を臨む館での静かな生活の中で、自分の弱みさえも武器にして、ひとりの少年が、闘争心にやや欠ける、もうひとりの少年を追いつめていく。チャールズが、自ら気づいているように、エドマンドも相手がチャールズでなければ、こうも見事に、自らの征服欲を満足させられなかったろう。その点、フランシス・アイルズ『レディに捧げる殺人物語』の組合せと同じだ。スーザン・ヒルは、ふたりの親には子どもに対する自分勝手な関心しかなく、子どもが必要とする愛情がないことも、落ち着いた達者な筆で描く。私がもっとも感心したのは、エドマンドの悪意に満ちた仕打ちによって、チャールズにも人を憎む心、邪な心が喚起されることを、そして、そのことに自ら気づく嫌悪感をしっかり描いたことだ。愛のないまま他者を支配しようとする心が日常的に存在するとき、人のなにが蝕まれるのか。そこに踏み込んで読む者に迫る。悪の心にあてられぬよう、心して読んでいただきたい。

（02年11月号）

パズルストーリイかくも成りがたし

ヘレン・マクロイ『家蠅とカナリア』

『家蠅とカナリア』／ヘレン・マクロイ深町眞理子訳／創元推理文庫／2002年

ヘレン・マクロイの『家蠅とカナリア』は、一九四二年の作品だが、謎解きミステリのもっとも有力な魅力と、もっとも備えやすい弱点を併せ持った、はなはだ特徴的な作品だ。

精神分析学者で名探偵のベイジル・ウィリングは、奇妙な新聞記事を読む。ブロードウェイの刃物研ぎの店に何者かが侵入し、モノも盗らずに、カナリアを籠から逃がしただけで去っていったというもの。冒頭から、カナリアと家蠅が事件解決の鍵になったと、おおっぴらに伏線が張ってあるから、読者も見逃せない。事件は、その夜初日をむかえた芝居の舞台上で起きる。

死体役の俳優が第一幕の終わったところで、本当の死体になっていたのだ。

シンプルだが、容易に底を割らない事件と、周到に伏線を張りながら、ぎごちなくならない展開。ヘレン・マクロイの腕前は、そこに見事に発揮されている。刃物研磨店侵入事件の片方の謎――なんのために侵入したのか――をあっさり解いてしまうのもいい。登場人物の性格が明らかになりながら、捜査が進むにつれ、ふたつの謎――カナリアはなぜ放たれたのか？　家蠅はなぜメスの柄にばかりたかるのか？――は深まり、それが片時も読者の頭から離れない。しかも、芝居が再開されると、またも研磨店は侵入を受け、カナリアが籠から放されている。上手な謎で読者をつっていくという、謎解きミステリのもっとも有力な魅力が、ここでは光り輝いている。

ただし、この『家蠅とカナリア』が文句なしの傑作になりそこねたのは、解決の仕方に少々甘さがあるためだ。カナリアを犯人がなぜ逃したかという謎は、ミステリの謎として、相当強力だが、この解決は説得力に欠ける。少なくとも、もう少し伏線が必要だろう。しかも、それが単に技術の問題ではないと思わせるのは、三百七十二ページから次のページにかけての、登場人物の告白のお手軽さに顕著なように、人間心理についての認識に、ある種の単純さが見えるためだ。しかも、この犯行は、どう考えても、かなりリスキーで、それをおしてやらねばならない理由や、そういう犯行に走らざるをえない犯人像が描かれているわけではない。

後年、心理サスペンスも手がけ、この作品でも、中盤の登場人物の描写に堅実さを発揮するマクロイでさえ、こうなってしまう。まして、凡庸な作家が謎解きミステリを手がけると、同じ轍をいとも簡単に踏む。パズルストーリイとは、かくも成りがたいものなのである。

（02年12月号）

誰からも守られることのない不安

コーネル・ウールリッチ『砂糖とダイヤモンド』

『砂糖とダイヤモンド』／コーネル・ウールリッチ門野集訳／白亜書房／2002年

コーネル・ウールリッチが、現在、どのくらい読まれているのか、私は知らない。私はウールリッチの熱心な読者ではないから、長編短篇ともに、いくつかしか読んでいない。『幻の女』

より『暁の死線』の方が好きだが、さらに、それよりも、子ども向けに訳された短篇でのスリルを、よく憶えている。そのくせ、大人になってから読んだ短篇は、印象に残っていない。もっとも、二十世紀中盤の短篇ミステリの進歩と発展は、尋常ではないから、昔の短篇が生き残るのは、容易ではない。

ウールリッチは、このたび生誕百年を迎えるそうで、全五巻（プラス稲葉明雄訳の傑作選という別巻が一巻）の短篇傑作集の刊行が始まった。訳者の門野集は、ウールリッチのファンクラブを作り、地道に研究を続けている人でもある。年代順の編集で、第一巻の『砂糖とダイヤモンド』は、一九三四年から三七年の作品が収められている。

巻頭の「診察室の罠」は、ウールリッチが初めて書いた短篇ミステリらしい。友人の歯科医のところへ治療にいった主人公が順番待ちをしていると、直前の患者が治療中に毒死する。状況から他殺以外になく、友人の歯科医は逮捕される。友人を信じる主人公は、これを何者かの罠だと考え、犯人をつきとめようとする。

何の気なしに読み始め、確かに荒っぽいのだが、子ども向けで読んだときのスリルを思い出していた。これと、次の「死体を運ぶ若者」で、私は居住いを正した。結果を先に言えば、この巻頭作と、表題になった本邦初訳の「砂糖とダイヤモンド」が、私には面白かった。後者について、訳者あとがきに「大不況に沈むニューヨークの雰囲気が鮮やかに描き出されている」とある。確かにその通りだが、同時に、三〇年代のアメリカの、警察力の弱さや、警察への不信感を、ウールリッチの短篇は背景にしている。主人公は犯罪者につけねらわれたり、犯人探しに乗り出し（そして逆襲され）たりするが、そこでの警察は、ものの見事に無力である。

当時のアメリカの警察の実態を、私は知らない。だが、ほんの少し前まで、警察をものともしないギャングたちが、幅をきかせていたことは、間違いない。それゆえに、主人公たちは、警察に頼らなかったり頼れなかったりし、犯罪者はほとんど警察を嘲笑しているかのように、主人公たちに迫る。ウールリッチは孤独なサスペンスの作家として定評があるが、その孤独は、誰からも守られることのない不安を伴ったものだったことに、私たちは気づく。（03年1月号）

ミステリという形式がいかなる小説的力を持つか

ジョン・ル・カレ『ティンカー、テイラー、ソルジャー、スパイ』

『ティンカー、テイラー、ソルジャー、スパイ〔新訳版〕』／ジョン・ル・カレ村上博基訳／ハヤカワNV文庫／2012年

いまでは考えにくいだろうが、一時期、ジョン・ル・カレの紹介が滞っていた（本人もスパイ小説から離れていた）ことがあって、その結果『ドイツの小さな町』と『ティンカー、テイラー、ソルジャー、スパイ』は、相次いで翻訳された。そのときに、都筑道夫が、このふたつをホワイダニットとフーダニットに区別して、ミステリとしての小説構成のテクニック面から比較していた（HMM一九七五年七月号）。二年ほど前の当欄で『鏡の国の戦争』を取り上げたときに、私の頭にあったのは、この都筑道夫の文章だ。そして、六〇年代のル・カレの小説の多くは捜査小説の形をとり、同時に、ル・カレにはその形が似合わないと書いた。そのことは、スパイ小説史上に名を残す傑作『ティンカー、テイラー、ソルジャー、スパイ』にも、あてはまっていると思う。

上司の失脚とともに、かつて英国情報部を放り出されたジョージ・スマイリーが、密かに呼び戻される。あるきっかけから、情報部の最上層にソヴィエトの深部浸透工作員〈もぐら〉がいるらしいと分かり、それが誰か、つきとめてくれと言われる。スマイリーは、部内にいる唯一の味方ピーター・ギラムの手を借りて、関係者の聴取を始める。すると、彼の上司が失脚するに到った一連の事件が、〈もぐら〉による謀略だったことが判明していく。

冷戦も時間が経過すると、スパイ組織も官僚機構であり、そこにこそ悲劇があるという認識から、スパイ小説が書かれるようになった。本書はその走りのひとつで、同時に、第二次大戦後の疲弊した英国では、それまでもお家芸であった、自虐的な自国像を描くことが、とりわけ重要な潮流のひとつでもあった。そうしたことを背景にして、本書は書かれたが、なにより、この小説が傑作になったのは、冒頭をはじめ随所にはさまれる、ジム・プリドゥの陰影に富むエピソードのおかげだ。

ただし、この重厚な小説が、しばしば重厚から退屈に逸脱しかけるのは、スマイリーの聴取の過程が、そのディテイルで登場人物を描くことはあっても、ディテイルが小説全体を司る何かを描くに到らないからだ（ジム・プリドゥのエピソードを描くときはそうではない）。そのことを知るためには、ジョージ・スマイリーの聴取を、リュウ・アーチャーの捜査と比較する必要がある。そして、それは、ミステリという形式がいかなる小説的力を持つかということを知ることでもあるのだ。（03年2月号）

映画化を機に『ティンカー、テイラー、ソルジャー、スパイ』は村上博基による新訳版が出版され、スマイリー三部作は、村上訳で統一された。

古びることのないグリーンの国際政治小説

グレアム・グリーン『おとなしいアメリカ人』

『おとなしいアメリカ人』／グレアム・グリーン　田中西二郎訳／ハヤカワepi文庫

昨年の暮に報道された記事を遅ればせながら知ったのだが、グレアム・グリーンの『おとなしいアメリカ人』が映画化され、ヴェトナム文化情報省筋が、アメリカのインドシナ進出初期を忠実に描いていると、評価している旨を伝えていた。このハリウッド映画は、9・11の事件のために、公開が見合わされていたようだが、米軍のイラク攻撃が緊張を高めているいまの方が、タイミングとしてはいいだろう。『おとなしいアメリカ人』は『情事の終り』に続き『ハバナの男』に先立つ、グレアム・グリーン一九五五年の作品である。早川の全集版で読んだ。

シニカルなサイゴン駐在イギリス人ジャーナリストのファウラアは、その夜、「おとなしいアメリカ人」であるパイルを待っていたが、待ちぼうけのまま、パイル殺害の報せを受ける。お得意の連想飛躍で、場面はパイルとの初対面になり、以後、アメリカ公司館の経済援助使節団に勤める、この無邪気で善良で育ちのよい男が、無邪気なままにヴェトナムで行ったことが、回想されていく。

ヴェトミンの正面の相手はまだフランス軍の時期で、本格的なアメリカの介入以前だが、経済面軍事支援面で、すでにアメリカは、インドシナ半島に足を突っ込んでいる（だから、冒頭のヴェトナム政府のコメントになる）という大状況と、フウオングというヴェトナム人の娘をファウラアとの間で争うという、個人的な状況の両面での、パイルという青年の言動を通して描かれるアメリカの肖像は、心憎いまでに的確で、かつ、困ったことに、いまだに的確であり続けている。たとえば、イラクに親米政権を樹立させることで、ブッシュや米資本の得る利を指摘することは出来ようが、そんな利権の恩恵に直接あずかることのない大半のアメリカ人が、なぜイラク攻撃に賛成するのかの、ひとつの答えがここにはある。「特定の個人に対してでなく、ある国、ある大陸、ある世界に対して貢献しようと、堅く決心」することの危険と傲慢さを、ひとつの小説全体でくっきりと描いてみせている。

「遠くからみると、戦争はまことに小ざっぱりと整頓されていた」といった警句がちりばめられた本書は、国際政治小説として間然するところがない。主人公の東南アジアでの居場所のなさと、かといってイギリスに帰ることも出来ない、やるせないディレンマまで含めて、グリーンの描いた現代人と現代社会は、二十一世紀に入っても、しばらくは、古びていないことを示している。

（03年3・4月合併号）

映画は「愛の落日」の題名で、二〇〇四年に日本でも公開されたようである。

トリックを小説に仕上げるということ

岡嶋二人『あした天気にしておくれ』

『あした天気にしておくれ』／岡嶋二人／講談社文庫／1986年

岡嶋二人の『あした天気にしておくれ』は、初々しさと野心に満ちた、素晴らしいクライムストーリイだ。これが、一九八一年度江戸川乱歩賞落選作であることは、非常に有名な話（そもそも、あとがきに書いてある）だが、この年の『あした天気にしておくれ』落選は、戦後日本のミステリの宿痾を現わしていて、忘れ去ることが出来ない。

落選理由のうちのひとつ、トリックが実行不可能とされた点については、井上夢人の『おかしな二人　岡嶋二人盛衰記』に、経緯が詳しい。もちろん、これは、一方の当事者の発言ではあるが、当時の選評には突っ込んだことが書かれず、単に実行不可能とされただけなので、どのような理由で、そう判断されたかは、これに拠るしかない。もうひとつの落選理由は、そのトリックに、夏樹静子の短篇「五千万円すった男」という先例があったことだった。

元競馬記者で、ある北海道の牧場主の「競馬秘書」をやっている「私」は、雇い主が電話で嘘をつくのを聞いてしまう。事故で骨折し、競走馬としての命を絶たれた、三億二千万の名馬を、無事だと東京の共同馬主に偽ったのだ。様々な理由がからんで、「私」は自分の良心を裏切り、その馬の誘拐事件をでっちあげることで、サラブレッドの事故と、その損害をうやむやにする企みに、手を染める。「競馬秘書」という言葉の持つ侮蔑のニュアンスなど、主人公の性格や立場に綾をつける巧みさは、とても新人の技ではない。計画は順調にすすみ、共同馬主たちや警察に、誘拐事件を信じ込ませたところで、事件は急展開する。彼らのもとに、何者からか脅迫状が届く。脅迫者は、彼らの計画を知っていて、暴露されたくなければ、本当に二億円の身代金を用意しろというのだ。

問題になったトリックは、この身代金を手に入れるための方法だ。この二作の例に関しては、まったく同一トリックといって差し支えない。また、もしも、後先だけが問題なら、夏樹静子の短篇が先行することも間違いない。

だが、問題は後先ではない。両作品の、もっとも大きな相違は、サスペンスの有無なのである。『あした天気にしておくれ』にある強烈なサスペンスは、「五千万円すった男」には、かけらもない。確かに長編と短篇という違いはあるだろう。だが、どのような謎を設えることが、魅力的なのかという点についての嗅覚が、決定的な差となっている。トリックなりアイデアなりがあって、それを解決法とした謎を作成する。当たり前のような、この夏樹短篇の発想手順が、実は、魅力的な謎を産まない。『あした天気にしておくれ』は、まず、読者を引きつける謎のあり様を、小説として模索し、その上で、トリックなりアイデアを、作品の中のもっとも好位置に据えている。二者のこの差を見ず、岡嶋二人が慎重に踏んだこの手続きを、トリック使用の改良手順と認識せず、ただ、前例ありとして受賞させなかったのは、不明の歴史として、いまなお記憶しておく必要がある。

（03年5月号）

もうバリンジャーを読んだ貴方へ

B・S・バリンジャー『赤毛の男の妻』『歯と爪』

『赤毛の男の妻』／B・S・バリンジャー大久保康雄訳／創元推理文庫／1961年
『歯と爪』／B・S・バリンジャー大久保康雄訳／創元推理文庫／2010年新版

B・S・バリンジャーについて、もう一度書いておくことにしよう。貴方はもう『赤毛の男の妻』と『歯と爪』を読んだだろうから、心置きなく、ふたつの中身に触れることが出来る。そのつもりで読んでください。

『赤毛の男の妻』は、犯人を追うニューヨークの刑事が、実は黒人であったことが最後の最後で明かされる。前にバリンジャーのことを書いたときに、「結末で明かされる、刑事についてのある趣向は、確かに目立つ。だが、そこで、ああ、そうだったのかで終わるのでは、実は、何も読んだことになっていない」と書いた。なぜなら、刑事が黒人であったということは、それだけでは意外性という意味しかない。そして、そこから先を読もうとしなければ、時代の変遷で、その衝撃は全くなくなってしまったなどと、短絡するしかなくなくなるからだ。しかし、正確には、この名前が出て来ない（のだ、彼は）刑事が、実は黒人であったという趣向は、主要登場人物三人のバランスの上に、効いていると考えるべきだ。

赤毛の男の妻はマーセデス。この名は、ラテン系にもアングロサクソン系にも、ともに見られるようだが、この場合は、ラテン系ではありえない。コネティカットに何代も続いた（事件当時のアメリカは建国から二百年を経ていない）家の金髪の娘で、ニューアムステルダム信託銀行の顧客でもあるからだ。

その金髪のマーセデスの心を射止めたのは、イリノイ出の赤毛の男だった。その赤毛であることを含めて、ヒュウは、アイリッシュである（スコッチアイリッシュかもしれない）ことが強く暗示されている。押し流されるようにとはいえ、最後に安らぎを得る場所としてアイルランドへ行くのだ。そもそも、アイルランド系には警官が多く、それを追われる側の殺人者にして、追われる立場に立つことの多かった黒人を追う側の刑事にと、入れ替えてみせたのが、バリンジャーのアイロニーだろう。

刑事の「ぼく」は、赤毛の男を自分の分身のように考えるが、それはチャンスをつかんでのし上がっていくことを余儀なくされた人種の者同士だからだ。だからこそ、二人は互いを強烈に（ある部分、非科学的なまでに直感的に）意識しあう。しかし、刑事は自分の出自境遇に自覚的であり、それゆえ一人称で（かつ、特定の個人を示す名前は伏せたまま）書かれ、殺人者は、そのことに無自覚であり、三人称で書かれる。刑事が黒人であったことが明かされるラストは、アイルランドの田舎の子どもから、一度インディアンと間違われて、それを訂正するという手順まで踏んでいる。

マーセデスは、常に、逃避行においてヒュウをリードし、頭の回転では、三人のうちで一番だろう。戦争中には経営者としてやり手の面を発揮していたが、それが自分でも嫌う男との結婚生活に閉じ込められたのは、女性であるということ以外に理由は見当たらない。彼女が属するのは、そうした社会であった。そこから逸脱し、殺人犯の赤毛の男の妻となることは、世界じゅうを相手にして、ただふたりきりで逃げながら生き続けるということを意味した。彼女の父親が、警察に相対して彼女の側に立つことは、容易に読み取れるが、ヒュウの妻となった彼女の側に立たないことも、また、容易に読み取れる。同時に、最後の最後になったときに、ヒュウの生死を決するのは自分だと考える、ある種の傲慢さと裏表の使命感を、彼女が持っていることも、率直に描き出されている。

このように『赤毛の男の妻』は、社会性を色濃く持ったディテイルが、全体として効果を発揮しあうことで、サスペンス小説としての豊かさをもたらしている。そして、そのことは、結末で明かされる趣向に関しても例外ではない。

では、トリッキイな小説の最右翼のような『歯と爪』はどうか？

『歯と爪』からは、そうした社会性は捨象されているように見える。だが、本当にそうだろうか？　二十四章の最後の夜汽車の汽笛には、奇術師としての生命を絶たれた主人公の淋しさと孤独、加えて、アメリカという社会の目も眩むような広大さ――それらは、赤毛の男とその妻も感じていたものだろう――が込められている。そして、トリッキイな完全犯罪の物語の果てに立ち現われる、その感覚に、この小説の凄みと美しさは集約されている。惜しむらくは、最終章、「誰だ」と呟き続けるグリーンリーフのいる独房でも、汽笛の音が聞こえる方が良かったと思うが、それはともかく、これは、徹底して人が孤立することがありうるという、アメリカ社会を背景にしたことをぬきにしては、存在しえない小説なのである。プロローグで、主人公の名前が、生まれたときはモンタナであり、のちマウンテンと変わったというエピソードを、つい書いてしまう(『煙で描いた肖像画』でも、ヒロインの名前が次から次へと変わっていった)のが、そもそも、バリンジャーという作家なのだ。

『赤毛の男の妻』で、赤毛の男と黒人の警官が遭遇する場面を思い出してほしい。マスマーケットの商品が陳列された棚越しという視覚的な魅力が、まずサスペンスを盛り上げるが、一連のアクションの果てに、刑事の頭には疑問が浮かぶ。赤毛の男は、なぜドラッグ・ストアで働いていたのだろう? 赤毛の男が妻にプレゼントを贈る場面で、その答えは明らかになる。彼女は、決して自分からは手にしないようなそのプレゼントを、喜んで受け取る。バリンジャーの小説巧者ぶりは、そこでの赤毛の男の台詞「おれはその香水、あまり好きじゃないね」に明らかだ。赤毛の男とその妻は、強く愛し合っていると同時に、超えがたい溝で隔てられている。隔てられていながらも、なお、強く愛し合えていると言ってもいい。その事実に胸がつまる。そのことを読者に巧みに伝えたのは、ミステリのテクニックのおかげでもあり、社会性に富んだディテイルのおかげでもあった。そして、そのどちらも、この小説を書く上で必要な創意なのだった。

このように、小説を書く上での細かな工夫が、層をなして積み重なり、シンプルなサスペンス小説が、滋味豊かなものになった。そんな五〇年代アメリカのサスペンス小説が達したひとつの地平として、バリンジャーの小説は読まれてほしいと、私は考える。そして、それでも、なお『赤毛の男の妻』を「実は刑事が黒人だったという意外性が、人種差別のまだ激しかった当時のアメリカではかなり評判になったが。時代の変遷で、その衝撃は全くなくなってしまった」としか考えないのなら、それは、貴方の勝手だ。いくらでも、ほかに手に取る本はあるだろう。

（01年3・4月号／02年7月号をもとに大幅改稿）

■第四部

始祖鳥は鳥か獣か

ダシール・ハメット『血の収穫』

『血の収穫』／ダシール・ハメット田中西二郎訳／創元推理文庫／1959年

ダシール・ハメットの処女長編には何種類かの邦訳がある。現在、品切れでないのは、創元推理文庫の田中西二郎訳で、私が最初に読んだのも、この版だ。他には、ハヤカワミステリ文庫の小鷹信光訳で読んでいて、講談社文庫で出た田中小実昌訳も気にはなっているが持っていない。どのみち、どれがもっとも良質な翻訳なのか判断する能力は、私にはない。

ハメットは、ハードボイルドミステリの始祖というのが定説だが、のちに私立探偵小説と呼ばれるようになる作品群の多くに共通する、主人公の一人称という特徴が、『マルタの鷹』『ガラスの鍵』などでは、放棄されている。もっとも、いまにして思えば、ハメットの興味は心理描写を排した人物描写にあったのだろうから、三人称は当然の選択だ。そうでなければ、主人公を思うさま描けない。サム・スペイドは煙草を巻き、ネド・ボーモンは口ひげを梳くのだ。

しかし、ハメットの処女長編『赤い収穫』は、コンチネンタル探偵社の調査員である「私」の一人称小説である。名前が出てこない「私」は、では、どのような人間なのだろうか？ギャングたちに牛耳られた鉱山町ポイズンヴィルに、依頼を受けた「私」がやって来る。だが、面会する間もなく、依頼者は殺される。「私」は新たにその父親の鉱山主に話をつけて、町のギャングたちを一掃するため、彼らが殺しあうよう画策する。

『血の収穫』が異様なのは、出たとこ勝負に近い策動の連続の果てに、「私」が本来の「私」でなくなってしまうところにある。死に到る罠に他人を陥れて大笑いし、あげく、阿片で夢うつつの中、自ら人を殺したかもしれないと疑う。読者は、矢継ぎ早な血なまぐさい事件に、あっけにとられながら読み進む。だが、そんな読者を尻目に、「私」はいくつかの隠された真相に、誰よりも早く気づく。だからこそ、『赤い収穫』はミステリなのだが、同時に、だからこそ、「私」はポイズンヴィルで壊れてしまうことなく、上司の「おやじ」に「こってりしぼられ」るだけで済んだのだろう。それは、「私」がかろうじて摑んで放さなかった、理性のなせるわざのように思える。

『血の収穫』の「私」が、紙一重でそこから生還しえた破滅は、その後、多くの犯罪小説の主人公たちが、悲劇的に埋没した破滅だった。そして、そこから生還できなかった男たちの物語が、ノワールと呼ばれるようになったというのが、私が抱いているひとつの仮説なのだが、それが正しいかどうかは、確信できずにいる。（04年7月号）

その後、田中小実昌訳も読んだが、日本人に分かりやすくと心がけた翻訳のように思えた。その配慮の善悪は微妙なところだ。少なくとも、素っ気なさがかなり削がれているのは確かだろう。

性と暴力を通じて人間の暗黒面を描く

ウィリアム・フォークナー『サンクチュアリ』

『サンクチュアリ』／ウィリアム・フォークナー加島祥造訳／新潮文庫／1955年

一九二〇年代の終わり、のちに名を成すものの当時は無名だったアメリカの作家（著書は数冊あった）が、金目当てに小説を書いた。売れ筋をねらい、そのために、恐ろしい物語を書くことを心がけた。一九三一年に、その小説は日の目を見る。しかし、彼は執筆動機となった目論見を安っぽいものと反省し、それまでの著作を辱めないようにと、かなりの手直しをして出版した。それでもその小説は、冷酷な殺人者、強姦、私刑といった、上品な読書家の眉をひそめさせる要素に満ちていて、そして売れた。ウィリアム・フォークナー『サンクチュアリ』である。

弁護士のベンボウは、森の中の泉で、ポパイという不気味な男と出会う。ポパイは、林の中の隠れ家に、彼を連れて行く。そこは、グッドウィンという男を中心に密造酒を作るアジトになっていて、ポパイは木を切り倒して道をふさぐことで、外界から隠れ家を隔絶している。数日後、その大木に車をぶつけた、ガウァンとテンプルの若いカップルが、ポパイたちの隠れ家に難を逃れる。だが、テンプルの若い肉体への危機は、誰の目にも明らかに見えた。

この小説は、残虐な内容で有名であると同時に、難解な小説と言われている。だが、その難解さの大部分は、肝心な出来事のところにくると、描写を避けていることから起きている。残虐な行為は直接的には描かれない。それは、ある種の洗練かもしれないが、困ったことに、そのため、クライマックスでのテンプルの証言が、とてつもなく唐突になるのである。寺沢みずほのように、『サンクチュアリ』には破綻があるとした上で、その部分は、フォークナーの世界観からは、当然の展開とする意見もある（「民族強姦と処女膜幻想」）が、私には、テンプルに対する残虐さは、俗流好奇心の枠を出ないように見える。

『サンクチュアリ』の当時の新味は、無目的な残酷さに満ちたポパイという男が、飲酒と性行為（性衝動とは言わないにせよ）とは無縁なところで存在するという点にあったはずだ。しかし、フォークナーには、そこを追及して描く興味はなかったとおぼしい。せいぜいが、取ってつけたような終章を、書き足すくらいのものだった（ここから描き始めていたらという反省はあったかもしれないというのが、『八月の光』を読んだ私の推測だが）。

以後しばらくの間、性と暴力を通じて人間の暗黒面を描くという営為は、文学的というよりも、商業的な行為の結果として達成されていく。少なくとも、それを担ったのは、このノーベル賞作家ではなかった。

（04年8月号）

それはとてもスピーディだから

ジェイムズ・M・ケイン『郵便配達は二度ベルを鳴らす』

『郵便配達は二度ベルを鳴らす』／ジェームズ・M・ケイン田口俊樹訳／新潮文庫／2014年

スピーディな文章とスピーディな展開という、最近のアメリカの小説ではお目にかかりづらいが、以前はそのお家芸であった特質を、存分に堪能できる。ジェイムズ・M・ケインの『郵便配達は二度ベルを鳴らす』を読むと、まず、そう感じる。文章、描写、構成の各々のレベルで、抑制と省略が効いている。それは、ハードボイルドというものの影響だろうが、たとえば、ガードナーがスピーディであるために行ったことと、ケインが行ったこととは、自ずと異なる。

この小説の始まり方は有名で、「おれ」がトラックから放り出され、ぶらりと入った街道筋の食堂で、ギリシア人の店主に、その店で働かないかと持ちかけられる。店主には若妻がいて、美人ではないが肉感的らしい。文庫版四ページのこの導入部だけで、不穏な三角関係の未来を暗示し、あとは店主殺害計画をめぐる、ジグザグな展開を一直線に突き進む。

主人公は二十四歳のホーボーだ。あからさまには書いていないが、彼が世に出る前後に大不況が起こり、手に職をつけるチャンスを失っている。自分が何者かになるための重要な時期を、混乱した社会に過ごしたために、なにかが失われた世代を、ロストジェネレーションとするならば、ヘミングウェイと一世代違い、ケインよりもさらに年下であろうと、この主人公もそう呼んでさしつかえない。のちに生じる女との不仲も、そこに起因している。

彼の有罪無罪は、保険会社の思惑のみに左右され、女との関係も思うに任せない。何事もおよそ彼の手が届かないところで決まってしまうやるせなさが、まず素晴らしい。犯行といい、その裁きといい、彼と彼女の仲といい、常に一度屈折し、二度目のベルで成就する、その構成。あたかも、無為に過ごすしか術のない若者を翻弄するためにのみ、この社会が存在しているかのようだ。

しかし、そうした複雑な企みを、そうは感じさせないほどスピーディに、小説は進んでいく。たとえば、ガードナーは小説の速度を得るために、描写の対象である事件と人物を単純化した。だが、ケインは速度を得るために、描写を簡素にし省略した。つまり、描写の対象はそのままに、描写の密度を上げた。これは、ハードボイルドを語るときに、区別することを見逃されやすい特質だ。実際、単純な描写と会話の影に、これだけの膨らみを潜ませることが出来るというのは、いまの目で見ても、かなり驚くべきことだと思う。（04年9・10月合併号）

『郵便配達は二度ベルを鳴らす』は、ここ一年ほどの間に、田中西二郎（新潮、私はこれで読んだ）、小鷹信光（早川）から、田口俊樹（新潮）、池田真紀子（光文社）へと、邦訳者の世代交代が起きた感がある。これも世の習いなのかな。

イギリス人が書いたきわめつけの覗き見

ハドリー・チェイス『ミス・ブランディッシの蘭』

『ミス・ブランディッシの蘭』／ハドリー・チェイス井上一夫訳／創元推理文庫／1969年

一九三八年のイギリス。アメリカ産の犯罪小説が売れているのを見て、ひとりの男が、行ったこともないアメリカを舞台にして、スラング辞典を頼りに、同様な味わいの長編小説を書いた。小説は売れに売れ、凄絶な陵辱や殺戮の場面がセンセイションをよんだが、あまりの残酷さに、発売禁止になった。のちに、比較的穏やかに手直しされたものが、流布するようになり、翻訳はそちらに従っている（訳書のあとがきによれば、初版は奇覯本になっていて、入手不能のため、やむをえず普及版に従ったとある）。ジェイムズ・ハドリー・チェイスの処女作『ミス・ブランディッシの蘭』である。

ちんぴらギャングのベイリーたちは、その夜、牛肉王ブランディッシの娘が、パーティを開き、五万ドルの首飾りをつけて現われるという情報をつかむ。帰り道を襲い、首飾りを奪おうとするが、なりゆきで同伴していたボーイフレンドを殺し、ミス・ブランディッシごと拉致してしまう。しかも、給油に寄ったガソリンスタンドで、格上のギャングに見つかり、上前をはねようと追ってこられるハメになる。

「弱肉強食のジャングルの世界をガラスの壁をへだてててながめるおもしろさ」という、あとがきでの訳者・井上一夫の指摘は正しい。たとえば『郵便配達は二度ベルを鳴らす』の主人公に対して、読者が抱くかもしれないせつなさといったものは、ここにはない。それだけに、良くも悪くも、無神経で殺伐としている。後年、同じようにアメリカを舞台にした小説を書くイギリスの作家、ティム・ウィロックスが出たときも、似たような感じを受けたものだ。

もちろん、書かれて七十年近くが経っている。フォーサイス以降の小説に比べれば、ディテイルはないに等しい。残虐性といっても、ジャック・ケッチャムと比べて、いや、そこまでいかずとも、氾濫するスプラッタムーヴィに、刺激の面で太刀打ちできるかどうか。

しかし、こうも言える。当時、チェイスがイギリスでもウケていると判断したアメリカの小説群の中で、結局、なにが残ったのか？　少なくとも、ひとりの日本人がそのころのクライムストーリイにあたろうとするとき、手にするのは、まず『ミス・ブランディッシの蘭』ということになってしまう。

人の暗黒面を覗き見する一群の娯楽があり、その洪水のなかにまぎれこむようにして、たとえばジェイムズ・M・ケインやホレス・マッコイがいた。そして、その洪水の側できわめつけを書いたのが、皮肉なことにイギリス人だったのであろう。

（04年11月号）

コンプレックスを抱えた主人公

ホレス・マッコイ『明日に別れの接吻を』

『明日に別れの接吻を』／ホレス・マッコイ小林宏明訳／ハヤカワミステリ文庫／1981年

ホレス・マッコイは作品が少なく、翻訳数はさらに少ないが、おいそれとは無視できない。日本では、三十年以上前に、処女長編『彼らは廃馬を撃つ』が訳された。翻訳のきっかけは映画化であった。『彼らは廃馬を撃つ』は、マラソンダンスという、狂躁的な見世物を背景に、破滅に向かう青春を描いた秀作だが、読み返して感心するのは、主人公よりも、むしろ彼が殺した女の造形だ。ハリウッドで成功するという、ほとんど可能性のない希望に、なおもしがみつこうとする主人公を、自分の未来のなさをあきらめきった言動で、ほとほと滅入らせる。自らの生への執着を欠いた娘の心性は、現代の日本にも、容易に見出しうるのではないか。

しかし、この小説は評判にならず、マッコイは、いくつかの長編小説を書くが、十年あまり不遇に過ごす。評価が一転するのは第二次大戦後、フランスで好評を得たことに由来する。それに力を得て、一九四八年に発表したのが『明日に別れの接吻を』である。

その朝、囚人の「俺」は目ざめる。脱獄の本番当日だ。買収した看守に拳銃を用意させ、グレイハウンドバスの警笛を合図に、相棒のトコと作業中の農場から駆け出す。

主人公は、自称ファイ・ベータ・カッパの学卒で、「教養をはなにかける」と言われる。そんな男が、逃れてきた街でのしあがっていく話は、ある意味、型通りのギャング小説なのだが、有名ギャングたちをあこがれつつ、軽蔑する主人公は、アイラ・レヴィン『死の接吻』の「彼」にも似ている（W・R・バーネット『ハイ・シエラ』のロイと比較されたい）。

しかし、この主人公が真にユニークだったのは、コンプレックスを抱えた語り手だったという点だろう。大物ギャングたちを知性がないと嘲り、情婦でトコの姉でもあるホリデイを「膣でしかものを考えられない」と罵倒する。だが、大物ギャングたちのようになりたいというあこがれや、ホリデイに溺れこんでいる事実は、語られずとも隠しようがない。そうした二重性のおおもとにある、触れられたくない何かに、心の奥で怯えながら、主人公は犯罪を重ねていく。ジェイムズ・M・ケインと異なる点、そして、抒情的と呼ばれる原因は、そのあたりにある。私は再読してジェイムズ・エルロイの小説の登場人物を想起した。

もっとも、そうした魅力は、必ずしも気づかれていたとは思えない。訳者あとがきで紹介されたマッコイ評では主人公のコンプレックスも「〝そのときどきのはやりの〟素材」と斬って捨てられている。確かに、ニューロティックサスペンスや心理的な犯罪ものが、アメリカで大流行した時期だから、そういう見方をされるのも無理はないとも言える。したがって、そこらの見極め——本当にはやりものに過ぎないのか?——を正確につけるのが、『明日に別れの接吻を』を今後評価する際の課題となるだろう。

（04年12月号）

グーディスの甘さと通俗性

デイヴィッド・グーディス『狼は天使の匂い』

『狼は天使の匂い』／デイヴィッド・グーディス真崎義博訳／ハヤカワポケットミステリ／2003年

都筑道夫のポケミス解説を集めた本を作っている（もうすぐ完成する）。書かれた解説は、大半が一九五〇年代後半のものだ。通読すると、当時のミステリの動きのひとつとして、第二次大戦後、ペイパーバック書下ろしの流行を背景に、ハードボイルドが隆盛をきわめ、あっという間に行き詰まり、警察小説に向かうことで、つまり、よりリアルな方向に進むことで、それを打開しようとする動きが、指摘されている。戦後のアメリカで、そのキャリアを開始したミステリ作家は、多かれ少なかれ、その動きに無関係ではいられない。

デイヴィッド・グーディスは、戦前に著作があるが、ミステリの第一作は戦後になる。日本での紹介は散発的で、「ピアニストを撃て」に代表される、映画の原作者として、一部に名前が知られる程度だった。『狼は天使の匂い』は五四年の作品で、原題はBlack Friday。邦題はフランスで作られた映画化作品の邦題の流用だが、その脚本を書いたセバスチアン・ジャプリゾによる、映画のノヴェライゼーションが『ウサギは野を駆ける』の名で邦訳されている（七三年に世界ミステリ全集にまず入った）ので、ややこしい。

警察に追われ、フィラデルフィアに逃亡してきたハートは、寒さに震え、オーヴァーコートを盗む。店から逃げる途中、強盗チームの内輪もめ殺人の現場に立ち会い、一味のひとりを負傷させるものの、彼らに捕まえられる。ところが、ボスのチャーリーに、度胸と頭を見込まれてしまう。ハートが加わったことで、しかも、彼が負傷させた男が死んでしまったことで、一味の人間関係には緊張感が走り、計画実行当夜（十三日の金曜日）に向けて、ただならぬ日が続く。

犯罪計画そのものよりも、閉鎖的な人間関係に重きを置き、なにより、そこでの主人公の心境を描くことに、グーディスの興味はあるようだ。『ピアニストを撃て』にも共通するが、主人公は社会的成功や家族とは絶縁状態にあり、閉塞感を抱えつつ、かろうじて生きている。犯罪者になれば、相手をすることになるのは、大物ギャングすら逮捕してしまう巨大な警察機構（三〇年代のウールリッチの短篇における、警察の頼りなさと比較してほしい）である。

アウトローにならざるをえない人間が、犯罪に手を染めることで破滅していく。クライムストーリイの中で、ハードボイルドと重なり合う小説の大半は、それに当てはまる。だが、たとえば、先月取り上げた『明日に別れの接吻を』と、本書が異なるのは、二人称を多用した、内面描写の多さだ。そして、そのあたりに、グーディスの甘さと通俗性がある。（05年1月号）

スピレインが黒くならないのはなぜか

ミッキー・スピレイン『縄張りをわたすな』

『縄張りをわたすな』／ミッキー・スピレイン井上一夫訳／ハヤカワポケットミステリ／1962年

ハードボイルドと呼ばれていた作品の一部が、ノワールという呼称に吸収されていく過程にあって、その分岐点近くで、大きく聳え立つ、しかし、ややはずれたところに位置する作家に、ミッキー・スピレインがいる。数年前、翻訳家の村上和久さんが、ミステリマガジン編集長のころ（あるいは退社後だったかもしれない）、旧来ハードボイルドと呼ばれていたものが、私立探偵小説とノワールに分けて考えられていると教えてくれたとき、疑問に感じたのがスピレインのポジションで、すぐに訊ねると、そこが確かに難しく問題になるところなんだと言われた。

一九四七年に『裁くのは俺だ』で登場したスピレインは、爆発的に売れると同時に非難も浴びた。戦友を惨殺した犯人に復讐するため、警察に先んじようとするマイク・ハマーの行く手には、次々と死体がころがる。ハマーは私立探偵とはいうものの、法を尊重する気はほとんどない。現実に存在すれば確実に犯罪者であろう。

『縄張りをわたすな』は一九六一年の作品だが、書かれたのは『裁くのは俺だ』より前らしい。わたしことディープが、親友ベネットの死の報せにニューヨークへ戻る。二十五年前に、両雄並び立たずをおそれ、コイントスで一方が街を去って、他の街でのしあがることにする。結果、ディープは姿を消し、ベネットは縄張りを広げる。一方が死んだときには、もう一方が縄張りを受け継ぐ密約で。ディープは、縄張りは自分が相続し、ベネット殺しの犯人を見つけ出すと宣言する。

友人殺害の犯人探しという設定は、『裁くのは俺だ』と同じだが、ディープはハマーほど支離滅裂ではない。その分、驚くほど口当たりの良い、古き良き暗黒街小説の一見本になっている。もっとも、用意の設定は、いまとなっては驚きはないだろう。主人公は汚れているかもしれないが、生来は天使であり、人に愛される。だが、では、ハマーは人に愛されないのか？

無邪気で粗雑な決めつけをし、「俺裁くヒト」と暴走するハマーは、しかし、自分の考えや価値観が間違っているかもしれないとは、一瞬たりとも疑わない。その絶対的な自己肯定は、同時に、多数のアメリカ市民からもそれは肯定され、共感を得るだろうという無邪気さをも含む。事実、アメリカ国民は喜んでハマーを迎え入れた。ノワール（黒）という言葉の持つイメージがスピレインにないのは、主人公の行動原理が読者の共感を得るという、この楽天的な確信のためであろう。

（05年2月号）

一人で朽ちていったイヌ

ウィリアム・P・マッギヴァーン『殺人のためのバッジ』

『殺人のためのバッジ』／ウィリアム・P・マッギヴァーン矢野浩三郎訳／ハヤカワミステリ文庫／1976年

ウィリアム・P・マッギヴァーンは、警察内部の腐敗と、警官と政治との癒着に目を向けることで、リアリスティックなアメリカの犯罪を描き続けた。そう見られているようである。事実、『悪徳警官』や『最悪のとき』などの作品では、組織犯罪に翻弄される、けれど、自らの手も決してきれいとは言い難い警官が、主人公に据えられている。『緊急深夜版』では、そんな不正を追及する新聞記者が事件を追う。

これらの作品では、犯罪は構造的組織的なもので、一部の警官が（買収されることで）その隠蔽に一役買っている。そうした点が、社会学的と評される所以だろう。だが、その評価が、必ずしもプラスの意味に使われないのは、その集大成のはずの『ファイル7』や『明日に賭ける』が、結局のところ、古びてしまっているためだろう。そこには、登場する犯罪者たちに、人間の負の部分が持つ魅力がない。『最悪のとき』は後半失速するとはいえ、『血の収穫』のグロテスクなもじりといった風味もあるのだが、それは、また別の問題である。ここで私が指摘したいのは、マッギヴァーンも最初はそうではなかったということなのだ。すなわち『殺人のためのバッジ』である。

小説は、フィラデルフィアの警官ノランが、いきなり賭博師を射殺し、金を奪うところから始まる。ノランは逮捕・逃亡・射殺という嘘の報告で、自分の犯罪を隠してしまうが、賭博師の持っていた金が有力ギャングへの支払いだったため、コトが面倒になる。

悪徳警官ものと一言で括ってはならない。他のマッギヴァーン作品と一線を画しているのは、ノランが買収された警官ではないことだ。警官であることの権利を私的に利用するノランは、組織犯罪や社会悪とは無縁の犯罪者なのだ。しかしながら、佐野洋をして「あのふてぶてしい」と言わしめたノランは、マッギヴァーンの作品中でも、とびきり印象的な人物になっている。ノランの犯罪は衝動的であり、自らも、その衝動の来たるところを知ることなく、抑えることもかなわない。手を出してはまずいと分かる大金を懐に入れ、そのため犯罪を重ねていくノランは、破滅に向かっているようにしか見えない。

「マッギヴァーンの作中主人公は、法や社会正義の励行が宿命的に結びついている職業人」とは厚木淳の指摘だが、そんな立場であるにもかかわらず、ないしは、そうであるがゆえに生まれた犯罪者ノランを描くことで、マッギヴァーンは、素晴らしい犯罪小説を残したのである。

（05年3・4月合併号）

佐野洋の引用は、『推理日記』の第一集に収められている「ミステリー如是我聞」（日本語版EQMM連載）の「『夜の終る時』あるいは『推理小説的手法』」から。結城昌治の『夜の終る時』とマッギヴァーンの『殺人のためのバッジ』を比較し、推理小説であることが、小説としての完成を妨げる場合があるのではないかという疑問を呈している。この古くて新しい設問は、ミステリに興味を持つ人なら、誰しも一度くらいは真面目に考えてみる価値がある。

不思議な主人公の描き方

エド・レイシイ『さらばその歩むところに心せよ』

『さらばその歩むところに心せよ』／エド・レイシイ野中重雄訳／ハヤカワポケットミステリ／1959年

エド・レイシイの『さらばその歩むところに心せよ』は、不思議な傑作である。エド・レイシイの名は、少なくとも日本では、ほぼ、忘れ去られてしまっていると言っていいだろう。MWA賞受賞の『ゆがめられた昨日』が、かろうじて、歴史的存在（最初の黒人探偵）として紹介されるばかりだ。

「おれ」ことバッキーは、先輩刑事のドックと、隠れ家らしき家に潜伏している。ふたりの男の閉塞感を説明ぬきで前面に押し出して、魅力満点の書き出しだ。章が変わって、バッキーが自分のおいたちを語り始める。複雑な事情あって、最愛の父親が実父でないと大人になってから知り、あてつけのように、つまらぬ女と結婚し刑事になる。以後、隠れ家のふたりと、そこに到るまでのバッキーが、B・S・バリンジャーばりに、交互に（それも最終盤近くまでは厳密に交互に）描かれていく。ふたりの刑事は、誘拐事件の身代金を奪って、身を隠していると分かるが、事件の具体的な経緯は、なかなか読者には知らされない。

バリンジャー流の構成による、徐々に事態が明らかになっていく面白さに加え、状況が動き始めてからの息もつかせぬ展開と結末が、この小説の印象を鮮烈にした。しかも、全編を通じて、もっとも自分が愛し、自分を愛してくれているはずの人間、無条件に自分を庇護してくれるはずの人間に、見捨てられたという感覚が、バッキーを支配している。彼は、その感覚を持て余し、乗り越えようとするが成功しない。

自分の中に在る、しかし、自ら持て余すしかない、ある感覚。それは、しばしば、クライムストーリイの主人公が、共通して抱えているものだ。ただし、バッキーは、それを明確に、父親に裏切られたことだと意識している。『郵便配達は二度ベルを鳴らす』や『明日に別れの接吻を』の主人公の鬱屈の闇雲なこととは異なる。おそらく、心の中の屈託とは、バッキーのようにではなく、そうした闇雲さのうちに表わすのが、よりリアルなのだろう。けれども、そういう意味において、リアルであることをある部分手放した『さらばその歩むところに心せよ』

は、見捨てられても、なお、その愛を贖おうとする主人公（この結末の悲しさ！）を、作品の構造そのもので、様式的にも表現してしまった。

この小説がノワールに近しい感覚を持ちながら、決定的に異なるのは、その感覚を、謎とその解決を通して描いたことにある。しかし、それは、ミステリがなにかを描いてみせるときの、有力なありようのひとつだったのである。

（05年5月号）

悪事を為せども堕ちず？

ドナルド・E・ウェストレイク『その男キリイ』

『その男キリイ』／ドナルド・E・ウェストレイク丸本聰明訳／ハヤカワポケットミステリ／1965年

ドナルド・E・ウェストレイクは、リチャード・スターク名義の悪党パーカーものと、ドートマンダー一党のユーモアケイパー小説のシリーズで、後世に残るだろう。この作家が、ハメットの影響下に、長編ミステリを書き始めたことは、忘れさられてしまわないまでも、軽視されている。一般的には、初期作品はハードボイルドタッチとして一括され、サイコパスものの『憐れみはあとに』を挟んで、『弱虫チャーリー、逃亡中』でユーモア路線が始まるとされる。だが、『憐れみはあとに』に先立つ、第四作目の『その男キリイ』は、この作家を考える上で重要な、そして、毛色の変わった秀作でもある。

僕ことモネコワ大学の学生ポールは、半年間の職業実習のため、全米機械工熟練者総同盟で働くことになる。そこには大学の先輩のキリイがいて、ポールは彼のアシスタントとなる。おりしも、ある町の製靴工場の工員から、全国的な労働組合組織に参加したい旨の手紙が来て、キリイとポールは、その町へオルグに乗り込む。だが、手紙の主の妻は、ふたりを夫に会わせたがらず、ホテルで待つふたりを、突然、警察が連行する。

暴力的な出だしから、『血の収穫』なみの殺戮を期待すると、肩透かしをくう。第一作『殺しあい』を失敗だったと判断するウェストレイクが、その轍を踏むはずがない。スタンリイ・エリンが『第八の地獄』で、私立探偵を普通の職業人として描いたように、ここでの組合オルグは、あくまで、まっとうな一職業だ。だが、そのまっとうな職業は、まっとうさから逸脱する、すれすれの行動を要する。ここには血で血を洗う殺戮はない（殺人は起こる）が、より陰湿で頭脳的な裏切りが平然と存在する。

『その男キリイ』が、それまでのウェストレイクの長編三作と異なるのは、社会のインサイダーである職業人が、インサイダーとして生きていくうえで、人を陥れ、裏切ることだ。悪事に手を染めることで、人はアウトサイダーとなり、破滅する。この犯罪小説のテーゼに疑いを持ったのが、ウェストレイクという作家であった。悪党パーカーは、強盗を職業として選び、職業として続ける。犯罪に手を染めることで、アウトサイダーとなりはするものの、改めて彼のなにかが壊れることはない。人は悪事を成しても平然と生きていける。『その男キリイ』では、それをアウトサイダーのパーカーを通してではなく、インサイダーを通して描いた。ここから、(パーカーと違って)アウトサイダーである必要のない犯罪者ジョン・ドートマンダーが生まれるのは、時間の問題でしかない。

(05年6月号)

奇妙で不気味なユーモアに満ちた犯罪小説

ジム・トンプスン『ポップ1280』

『ポップ1280』／ジム・トンプスン三川基好訳／扶桑社ミステリー／2006年

ロス・マクドナルドとウィリアム・P・マッギヴァーンが、ふたり並んでハードボイルドの期待の星だったというのは、いまでは分かりにくい感覚だろう。前回紹介したウェストレイクが、ハメットを継ぐ珍しい作家として、初めは認識されたということもそうだ。しかし、ウェストレイクからは、荒っぽさが消えていく。そうした動きは、ライオネル・ホワイトなどとも一致するように、私には見えるが、当時、そういう整った巧い小説を志向する（志向できる）作家が評価され、日本への紹介も、そうした作家が優先されたことは否めない。最近のノワール再評価は、そのことへの反動だと理解しているが、その動きの中心に据えられているジム・トンプスンは、その中にあっても、なお、居心地悪そうに屹立している。『ポップ1280』などを読むと、そもそも桁が違うと感じる。

語り手である主人公のニックは、人口1280人の田舎町ポッツヴィルに住む、ポッツ郡保安官だ。ポットは壜、壺の類だが、ここはchamber pot糞壺であろう。時代はおそらく二十世紀初頭。黒人が人間扱いされないのは常識で、ニックはひたすら何もしないことを旨に、現状を維持することで、保安官職にありついている。

この小説の魅力に触れるのは難しい。主人公は何もしないと書いたが、実際は、この主人公はいろんなことをする。しかし、彼は、常に、自分は何もしない、しても、それは仕方なくのことだと語り続ける。肯定されなくても否定の決め手さえ与えなければ、保安官として存在しうる。そのヌケヌケとした消極性、責任転嫁が、ほとんど哄笑の域に達するのが、この小説の面白いところで、ブラックユーモアとか、アブサードノヴェルと呼びたい。かなり奇妙で不気味なユーモアに（とくに前半が）満ちている。吉野仁は、解説で、主人公が「明らかに愚かなふりをしている」と指摘しているが、限りなくふりに見えるけれど、ふりかどうか決め手を与えないのが、この小説と主人公の美点ではないだろうか。

『ポップ1280』は、まず、箍のはずれた犯罪小説として面白い（コーエン兄弟などに近しいのではないか）が、そこに留まらない容量がある。ジム・トンプスンには、一作ごとに小説の企み方を変えるだけの引き出しがあり、その一方、小説の終わり方で難渋することが多く、その点もミステリ作家として納まりきらない理由だろう。それらのことは、同時代に読者と出会えない不幸を、この作家に招いた。そして、日本においても、それは例外ではなかった。

（05年7月号）

この文章は『ポップ1280』が扶桑社からソフトカヴァーで出て、五年ほど経ってから書いたものだが、その後、扶桑社ミステリーに入って、なお読み継がれているという事実には、嬉しくも驚かされている。

フランスの暗黒街を描く仏製ノワールの始まり

ジョゼ・ジョバンニ『おとしまえをつけろ』

『おとしまえをつけろ』／ジョゼ・ジョバンニ岡村孝一訳／ハヤカワポケットミステリ／1968年

ホレス・マッコイのところでも書いたが、アメリカのある種の犯罪小説やハードボイルドは、フランスで評価され、生き延びた。そのことに関しては、セリ・ノワールという叢書の存在が大きく、ジャン＝ポール・シュヴェイアウゼールの『ロマン・ノワール──フランスのハードボイルド』という解説書が、文庫クセジュで翻訳されているから、参考にされたい。

セリ・ノワールは当初の（イギリス人作家の作品を含んだ）翻訳もの一辺倒から脱して、フランス産も並ぶようになるが、ハドリー・チェイスのように、アメリカを舞台にするだけではなく、フランスの暗黒街を描く作家が現われる。そして、その中から、注目すべき作家が生まれた。まずアルベール・シモナンとオーギュスト・ル・ブルトン。そして、自身刑務所に服役経験もあるジョゼ・ジョバンニ。

ジョバンニの処女作『穴』は、サンテ刑務所で同室となった男たちの脱出の話だが、閉鎖された空間でのストーリイがなかなか動かない。それは囚人たちの真情を頻繁に語りたがるせいで、同様のことはシモナンの『現金に手を出すな』にもあてはまる。『穴』にくらべれば第二作の『おとしまえをつけろ』は、主人公ギュの脱獄から始まって、パリのヤクザの抗争、マルセーユへの逃亡、金塊強奪、警察の反撃と主人公にかけられる罠と、もりだくさんな内容（ジャン・ピエール・メルヴィルの「ギャング」は、原作に忠実な、しかもきびきびした映画化だが、二時間たっぷりある）だ。それでも、説明的な真情描写で中断が入る。

『ロマン・ノワール』には、シモナンの主人公は「ヤクザであってギャングではない」とあり、都筑道夫もシモナンの『現金に手を出すな』を「やくざ小説」と呼んでいる。その点はジョバンニも同じで、ギュにしても、暗黒街の友情と信義、それを守ることからくる名誉を重んじる。そんなものは関係ないという若者もいれば、敬意を払ってくれる後輩もいる。犯罪は生きるための手段だが、犯罪に手を染めることで受け入れてくれる、彼らが準拠すべき集団が存在している。

このあたりは、フランスの特殊事情だ。ジョバンニの青年時代、フランスがナチスの傀儡政権下だったことは、片眼で睨んでおきたい。敗戦と占領を経験した若者という意味では、「仁義なき戦い」のやくざたちと共通するところがあるのではないか。禁酒法時代と大恐慌を境に、群小ギャングの跋扈（誘拐の流行もある）と取り締まるＦＢＩの強大化を迎え、殺伐としたアメリカとは、犯罪社会の秩序感がまったく異なる。ともあれ、自国とはいえ別世界であるヤクザ社会を読者に案内する小説から、フランスのノワールが始まったことは間違いない。

（05年8月号）

都筑道夫の発言は世界ミステリ全集第9巻の巻末座談会から。「読んでいると、アラカンが老やくざの役で、出てきそうな気がする」などと言っているくらいだから、気楽な発言ではあるだろう。

ヘンな主人公が窮地でジタバタするために
ダン・キャヴァナー『顔役を撃て』

『顔役を撃て』／ダン・キャヴァナー田村義進訳／ハヤカワポケットミステリ／1981年

一九七〇年代に入って、ネオ・ハードボイルドが出揃ったあたりで、決定的になったのが、私立探偵はひとつの正業であるという認識だろう。リアリティを持たせようとすれば、主人公としての私立探偵を、闇の世界に生きる人間にはしにくい。ハードボイルドが私立探偵小説になっていくのは、ある意味、必然であった。では、まともとは呼べない人物は、犯罪者としてしか描けないものなのか？

イギリスの作家ダン・キャヴァナー一九八〇年の作品『顔役を撃て』に登場するニック・ダフィは、バイセクシュアルなのを利用されて、罠に落ち、警察を追われた。フィアンセで同僚だったキャロルとの性生活にも、支障をきたしている。警備コンサルタントとはいうものの、この冴えなさかげんは、同時代のアメリカの私立探偵の、生活達者なこととは比較にならない。

小説は奇妙な押し込み犯罪から始まり、それが巧妙な恐喝へ発展していく。被害者は警察に行くが、なぜか刑事の捜査は手抜きである。際限ない要求に業を煮やした被害者は、知人の警察官の紹介でダフィを訪ねてくる。手抜きの刑事が、自分を罠にかけた張本人とあって、ダフィは張り切る。

『顔役を撃て』は奇妙な小説だ。ダフィは依頼をきっかけに、事件に介入するが、いつのまにか、依頼人はそっちのけで、ダフィの私闘になってしまう。こうした構成のいびつさは、探偵のもとに依頼人が現われるという定型が、もたらしたものだ。このように始まりさえしなければ、いかようにでも自然に主人公を事件に放り込めただろう。作家の興味は、事件を追う探偵にはなく、サディスティックな筆と陰鬱なユーモアで、窮地にジタバタするアウトローすれすれの男を描くことにあるからだ。

ヨーロッパのインテリというのは、アメリカのもっとも俗な文化に反応する。私立探偵小説ではなく、ノワールに接近してしまうのは、サルトルがマルクス兄弟を愛好し、ブレヒトがジャズにかぶれたのと、似たようなものではないかと、私は考えている。もっとも、ダン・キャヴァナーは小説家としての地力があるから、妙ちくりんな構成だろうと、たとえば、J・P・マンシェットのように、ブキッシュでひ弱な印象を与えることはない。

ダン・キャヴァナーは四つの長編のうち、第二作『愚か者の街』も訳されたが、日本ではまったく評判にならなかった。その名がとどろくのは、本名で書いたストレイトノヴェルが紹介されてからだ。『フロベールの鸚鵡《おうむ》』など、著書の多くが翻訳されている。その名はジュリアン・バーンズ。

（05年9・10月合併号）

理由のない逸脱を描いて

ジャン＝パトリック・マンシェット『殺しの挽歌』

『殺しの挽歌』／J・P・マンシェット平岡敦訳／学習研究社／1997年

J・P・マンシェットは、一九七〇年代フランスのロマン・ノワールの鬼っ子である。アルベール・シモナン、ジョゼ・ジョバンニといった暗黒街小説に比べて、より殺伐として、アメリカ的な犯罪小説に近づいている。もっとも、よく言われる、スピーディで簡潔な文体、行動主義的な描写というのは、本当にそうだろうか。

マンシェットという人は、凝った書き方をする。固有名詞にうるさく、ただし、描写そのものはぶっきらぼうで、ときに単調だと思う。それは魅力にもなりうるし、躓きのもとにもなりうる。小説を書く上での凝り性ぶりは『眠りなき狙撃者』に顕著で、その描き方の手の込みように比して、主人公である出稼ぎ犯罪者の平凡さには驚く。『狼が来た、城へ逃げろ』の精神病といい、『地下組織ナーダ』のテロリスト集団と対テロ組織の警部といい、対象への視線の単純さが、作品そのものを薄味にしたのは否めない。

そんな中で、一九七六年の作品『殺しの挽歌』は、少し違う。

主人公は大企業の管理職だが、ある夜、国道で瀕死の怪我人を助ける。彼は「急にうんざりして」助けた怪我人を病院に運んだまま、名のらずにその場を離れるが、それをきっかけに、殺し屋ふたりに狙われる。以後、家族のもとを離れ、身分も名前も捨てた暮らしが始まる。当然のように、殺し屋は後を追いかけてくる。

偶然殺し屋に狙われることになった主人公が、警察にも行かず、なぜ、ひとり逃亡するのか。実は、その理由はよく分からない。殺し屋につけまわされる以前に、病院から姿を消すところで、すでに、社会から逸脱する予兆がある。それは、主人公があらかじめ持っていた、ある不安定さが現れたものだ。そして、その危うさは、十ヶ月後に主人公が家族のもとに戻っても、消えることはない。

もっとも、その危うさの正体が、この小説で巧く描かれているとは思えない。その点で、やはり、対象への斬りこみに深みを感じないが、それを補っているのが、主人公の逃亡生活の描写だろう。正確には、描写そのものというより、主人公の生活が激変するという、その物語の持つ力だ。プレストン・スタージェスの映画「サリヴァンの旅」を、私は連想した。マンシェットは、普通の社会人が、さして理由もなく逸脱する経緯を独特の筆致で描いた。だが、その逸脱が、彼の内奥――でなくてもいい。表面上でもいい――になにを及ぼしたかまでは、残念ながら描くことはなかった。

（05年11月号）

『狼が来た、城へ逃げろ』は、その後、中条省平訳が『愚者《あほ》が出てくる、城寨《おしろ》が見える』の邦題で光文社文庫から出た。旧版よりも分かりやすく読みやすい訳文だが、私のマンシェットに対する不満に変わりはなかった。

登場人物が崩れていく

ジェイムズ・エルロイ『自殺の丘』

『自殺の丘』／ジェイムズ・エルロイ小林宏明訳／扶桑社ミステリー／1990年

トマス・ハリスの『レッド・ドラゴン』は一九八一年に発表され、サイコサスペンス・ブームの嚆矢となった。そして、多くの類似模倣品が生み出されたが、この作品を抜くことは非常に難しい。この小説が、いまに到るもユニークなのは、レクターとグレアムという、コインの裏表のような、ふたりの人物を同時に描いたことにある。

ジェイムズ・エルロイは、一九八四年の長編第三作『血まみれの月』で、ロイド・ホプキンズという、興味深い警官を創造したが、そこには、『レッド・ドラゴン』の影が落ちている。自らも殺人者で、マンハントの達人であるホプキンズは、詩人と呼ばれる連続殺人犯と相対するが、一見、このふたりも、コインの裏表のように見えた。

そのホプキンズもの三部作の最後が、一九八六年の『自殺の丘』である。ホプキンズは、すでにその逸脱の度合いが、警察組織の許容範囲を超えている。解職は時間の問題だが、機をみるため、上層部は、とりあえず、殺人ではない事件をホプキンズにあてがう。支配人の不倫相手を人質にとっての、銀行強盗が連続したのである。事件の犯人は、重自動車窃盗でムショ勤めを終えたばかりの男ライスで、殺人と無縁のはずの事件は、しかし、ライスの隠されていた凶暴さが表に現われることで、血まみれの殺戮続きになってしまう。

前半は、刑務所の場面こそ手が込んでいるが、その後は、むしろ、昔懐かしい犯罪小説ふうだ。しかし、そこから逸脱していく中盤が、まず面白い。その逸脱は、ライスの凶暴さに自制が利かなくなり、視界が赤く染まることから始まる。一方、犯人を追いかけるホプキンズも、どんどん視野狭窄に陥る。事件に没頭するホプキンズには眠気が起きなくなるが、これを精力的と取るか、睡眠障害と取るか、分かれるところに、エルロイの真骨頂がある。

ライスとホプキンズ、そして、最後には、ホプキンズと敵対していた上層部のガファニー警部まで含めて、登場人物は壊れ崩れていく。エルロイは懸命にそれらの人々を描く。彼らの言動はもちろん、彼らに見えるもの、彼らの過去を通して。しかし、懸命であればあるほど、異常さを説明しつくせないもどかしさも、また、読者に伝わる。一番もどかしかったのは、エルロイ自身だったであろう。

『自殺の丘』に次いで、エルロイは『キラー・オン・ザ・ロード』で、シリアルキラーを一人称で描き、失敗する。こうして、のたうちまわった果てに、エルロイはLA四部作を書くのである。

（05年12月号）

壊れた人間の暴走を冷静に緻密に描く

アントニイ・バージェス『時計じかけのオレンジ』

『時計じかけのオレンジ〔完全版〕』／アントニイ・バージェス乾信一郎訳／ハヤカワepi文庫／2008年

『時計じかけのオレンジ』は、小説よりも、スタンリー・キューブリックの映画として、知られているだろう。原作はアントニイ・バージェスだが、それとても、ミステリの範疇に入れる人は少ないにちがいない。全編黒い諷刺に満ちた小説で、いかにもイギリスの小説読んでますという気にさせる。映画化は、原作にかなり忠実なものだが、それでも、結末は、小説の方が、皮肉の度合いが一枚上手だ。

近未来の社会。アレックスは仲間たちと、暴力と強姦三昧の夜を過ごしている。アレックスの一人称のうえに、原文はロシア語起源のスラングが説明なしで入っているらしい。訳文はルビを多用している。不良少年の少々だらしない口調で小説を書くというのは、文体に凝る作家には楽しいことだろう。アレックスの暴虐は、止まるところを知らず、人を殺して刑務所に入り、さらにそこでも殺人を犯す。あげく、最新の科学療法をほどこされ、心理的肉体的に、暴力行為を受けつけない身体に改造されて、釈放される。

前半三分の一を占める、アレックスたちの暴力は、そこにしか愉しみを見出せない少年を、彼の一人称で描くという綱渡りだ。一九六二年の小説だが、ごく少数の例外を除いては、当時のクライムストーリイが、こうした犯罪者を描くことはなかった。

アレックスが逮捕されてからは、バージェスのサタイアの力が十二分に発揮されている。とりわけ、アレックスを暴力不能にするというアイデアと、構成の巧みさとが、この小説を際立たせたところで、第三部に到ってからのピカレスクふうの展開が活きたのは、その構成力に負うところが大きいと思う。そうした創り込む緻密さは、そこらの作家は真似できない。

『時計じかけのオレンジ』は、人格的に障害があるとしか思えない犯罪者を内側から描いて、ストレイトノヴェルの側から見れば、『響きと怒り』の手法で『ブライトン・ロック』を書いたと言えるかもしれない。同情できない、どこかしら壊れた人間が、壊れたまま暴力に走る。そのありさまを、彼の行為に即して描く。そうすることで、のちの、ある種のミステリの先駆となった。だが、バージェスには、彼を描くと同時に、彼をとりまく社会をも、冷静に見つめ描くだけの、意志と腕前があった。犯罪者を一人称で描きながら、常に、彼を相対化し批判的に見つめる作家としての眼差しを持つ。このあたりの複雑さが、あまたの小説との差になっている。

（06年1月号）

うかつなことに、この稿を書いた段階で、私は完全版が翻訳されていることを知らなかった。当時、バージェスの全集でしか読めなかった完全版は、いまや文庫になっているし、アメリカ版につけられた、それまで蛇足と思われていた結末についてのバージェスの判断の揺れについても、完全版の文庫につけられた柳下毅一郎の解説が詳しい。問題のバージェスがつけた結末は、私にはとても成功しているとは思えない。「主人公か主要登場人物の道徳的変容、あるいは叡智が増す可能性を示せないならば、小説を書く意味などない」と、バージェスが考えるのは勝手だが、この結末でそんな可能性が示せたと判断するのなら、お気楽というほかはない。

新しい語り手に見るエルロイの深化

ジェイムズ・エルロイ『ホワイト・ジャズ』

『ホワイト・ジャズ』／ジェイムズ・エルロイ佐々田雅子訳／文春文庫／1999年

ジェイムズ・エルロイのLA四部作については、多くの人が評価しているし、最終作の『ホワイト・ジャズ』に関しては、その特異な文体の持つ迫力を中心に、語りつくされているように見える。四部作のありようも、第一作『ブラック・ダリア』で、エルロイが自らの出自に一定のカタをつけ、次の『ビッグ・ノーウェア』で飛躍したという、大方の指摘につけ加えるところはない。『ブラック・ダリア』のみを、四部作の中でも異質とする、一部の見解にも賛成したい。

『ビッグ・ノーウェア』『LAコンフィデンシャル』は、『ブラック・ダリア』とも、それ以前とも異なり、複数の警官の群像劇となっている。『ブラック・ダリア』には、また別に、それなりの仕掛けがあるのだが、それでも一人称で書かれている。前々回ふれたホプキンズものは、三人称ながら、ホプキンズひとりに焦点はあてられていた。『ブラック・ダリア』が分岐点として重要ではあっても、LA四部作の中で異質とするのは、そのためだ。そして、三作で戦後LA市警の十年を描いたエルロイが、もう一度、新しい語り手を設定し、一人称に立ち戻ったのが『ホワイト・ジャズ』である。

語り手のデイヴィッド・クラインは、法曹資格を持った警部補（シリーズで警官の学歴はしだいに上がっていく）だが、ギャングに弱みを握られ、時として殺しも引き受ける。人格障害と紙一重の、クラインの追い立てられるような思考が、独特な切れ切れの文体で描かれる。司法内部の権力争いと腐敗のただなかで、罠にかかったクラインは、立場も意識も切迫させられていく。

『ホワイト・ジャズ』がホプキンズものと異なるのは、クラインの意識に即して、クラインの見るLAを描きながら、そうすることでクラインを描いたことにある。それは、社会や状況や事件といった、個人をとりまくものを描くことで、その個人を描くという、それ以前の群像劇二作の成果があってのことだろう。『ホワイト・ジャズ』には陰鬱なユーモアも散見され、それも以前の一人称にはなかったものだ。

そして、ダドリー・スミス。『ホワイト・ジャズ』の中心には、前作以来の、エクスリー対スミスの対立がある。ダドリー・スミスという怪物警官は、シリーズの主要登場人物の中で、ただひとり立ち入って描かれない。このことは、エルロイを考える上で、大きな重さを持つ。私には、それなりに考えつくことはあるが、ここではその存在の重さを指摘するにとどめておく。

（06年2月号）

第五部

パズルストーリイをスタイリッシュに書く

都筑道夫『七十五羽の烏』

『七十五羽の烏』／都筑道夫／光文社文庫都筑道夫コレクション／2003年

都筑道夫が日本ミステリー文学大賞を受賞した。日本のミステリ作家の中で、はなはだしく孤独な道を歩んだが、どれほど尊敬しても不足はない。この人がいなければ、日本のミステリはまったく違うものになったという人物が、江戸川乱歩以後何人かいる。都筑道夫は明らかにそのひとりだ。受賞を記念して、全十巻のコレクションが、光文社文庫から刊行されることになった。その第一弾が《本格推理篇》であり、長編小説『七十五羽の烏』が中心となっている。『七十五羽の烏』が、長編評論『黄色い部屋はいかに改装されたか？』の実践として書かれたものであることは、あまりにも有名な事実だ。魅力的な謎と論理的な解決を要件とし、謎の解明にあたっては、犯行の必然性を重視し、論理のアクロバットによる意外性を希求する一方で、トリック偏重を排する。都筑道夫のパズルストーリイ理論は、当時も今も、変わらず前衛的であり、そこらにころがっている、安手のパズルストーリイ気取りを粉砕するだけの理論水準を持っている。

にもかかわらず、三十年経って『七十五羽の烏』が、われわれにもたらしてくれる貴重な教えは、理想のパズルストーリイ像とは、かけはなれたところにある。

『黄色い部屋はいかに改装されたか?』の目指す純粋さを、『七十五羽の烏』は、かなりの部分で裏切っている。プロローグのカードの家の作り方についての薀蓄は、その最たるもので、論理による謎解きには無関係なしろものだと、作者自ら認めている。しかしながら、この部分は、小説としては意味を持ち、なにより、生き生きとした文章が心地よい。あっさり書いているが、そもそも、カードの家の作り方といったマニュアル的な文章を、分かりやすく読みやすい文章で書くのは、簡単な技ではない。そこにあり、そして小説全編をも覆うのは、凝った文章と執拗な描写である。おそらく、その描写のいちいちを楽しむことの出来る人間は、多くないだろう(悲しいかな、私はその中に入れない。石川淳『狂風記』の解説を書いたときの、高橋源一郎の気持ちである)。そのスタイルは、砂絵シリーズの洒脱さとも似ているが、異なるのは、大人の鑑賞に耐える文章で、謎と論理のエンタテインメントを書いてやろうという、一種の使命感めいた気迫に溢れていることだ。
小説のスタイルというものは、一方向にだけ成熟していくものではないから、この都筑流の行き方だけが、パズルストーリイに理想のスタイルではない。だが、スタイリッシュな小説としてのパズルストーリイを考え実践した作家が、すでに三十年も前にいたという事実は、決して忘れてならないことのひとつである。（03年6月号）
『七十五羽の烏』は日本推理作家協会賞の候補になって受賞に到らなかったが、その際の選評で陳舜臣が「むかしの探偵小説はこれほど神経の行き届いた文章を持たなかった」と指摘しているのは鋭い。

スリラーとパズラーが渾然一体に

マイケル・ギルバート『捕虜収容所の死』

『捕虜収容所の死』／マイケル・ギルバート石田善彦訳／創元推理文庫／2003年

マイケル・ギルバートを、私は『ひらけ胡麻！』と『空高く』しか読んでいないのだが、センスや意図のわりに面白くない。とくに『ひらけ胡麻！』は、初読のときは凄い作品だと唸ったが、十年くらい前に読み返してみると、かなり不出来だと思った。それでも、意図そのものには魅力があって、もったいないというのが、率直なところだった。

そのマイケル・ギルバートの『捕虜収容所の死』が翻訳された。一九五二年の作品である。連合軍上陸が間近のイタリア。第百二十七捕虜収容所では、来るべき解放の日に備え、脱走用トンネルが掘られている。だが、事実上の収容所長であるベヌッチは、その企みに気づいているらしく、ギリシア人捕虜クトゥレスが、ベヌッチのスパイだと疑われている。連合軍上陸近しの噂に、ベヌッチは、捕虜たちへの締付け強化を宣言する。その夜、クトゥレスは何者かに殺され、しかも、その死体は、その存在を知る者四人がかりでしか扉を開くことの出来ない、脱走用トンネルの中で発見される。

クトゥレス殺しのフーダニット（とハウダニット）、捕虜たちの中にいるかもしれないスパイの謎、そして脱走劇の三本立ての興味で、読者の目をかたときも逸らせることがない。都筑道夫が「もう本格とか、変格物とか、ハードボイルドとか、かんたんに分類することが、出来なくなった」と、かつて指摘した「総合ビタミン剤の品目」（「アメリカ探偵小説の一傾斜」）の、これもひとつだろう。

今回の作品において、マイケル・ギルバートのセンスの良さは、ミスディレクションに発揮されている。連合軍上陸を知らせた新入りの捕虜が、突然移動になる謎の解決がそれだ。小味ながら、パズルストーリイ読みを満足させるだけのもので、おかげで、謎解き小説として、評価しうる作品になっている。ただし、前半の、捕虜対収容所側のスリリングな頭脳戦に比べて、実際に脱走が始まってからの終盤が、サスペンスに欠ける。それがこの小説の苦しいところで、フーダニットの解決にしても、先に触れたセンスの良い論理のアクロバット以外には、謎解きのカタルシスは少ない。

そして、もっとも心配なのは、解説で森英俊さんが「スリラーと本格ミステリの要素とが渾然一体となった」と指摘しているにもかかわらず、その渾然一体が、正しく理解されないかもしれないことだ。それは、ミステリの多様な発展にとって、まことに悲しむべきことである。

（03年7月号）

初々しいとはかくも不思議に魅力的

鮎川哲也『ペトロフ事件』

『ペトロフ事件』／鮎川哲也／光文社文庫／2001年

鮎川哲也の処女長編『ペトロフ事件』が、F・W・クロフツの『ポンスン事件』に触発されたものであるのは、著者本人がそう書いているし、そもそも読めばすぐに分かることだ。容疑者が三人で、アリバイトリックがいくつも使われ、しかも、容疑者を一人に絞り込ませず、フーダニットの興味を最後まで残す（この点が、クロフツ、鮎川ともに、彼らの一連の作品中で比べても特徴的なところだ）。容疑者のフィアンセが活躍するところまで同じだ。『ポンスン事件』は、クロフツにとっても二作目で、初々しい仕上がりなのだが、それを下敷きに（悪い意味で言っているのではない）した『ペトロフ事件』も、若々しさを、まず感じる。

もっとも、その初々しさ、若々しさの中身には違いがある。『ポンスン事件』では、三人のうち誰が犯人かの決め手を、読者に与えない展開にするため、クロフツは動的なサスペンスに留意している。それが顕著なのが、タナー警部が重要な容疑者をリスボンまで追っていくくだりだろう。フランス人の青年の使い方など、定跡とはいえ、微笑みを誘う。つまり、アリバイ破りと見せて、恋人の窮地に健気なヒロインや、冒険物語的な追跡アクションといった、娯楽小説の手管を多用しているのだ。

一方、鮎川哲也の『ペトロフ事件』は、三人の容疑者がそれぞれに不在証明を申し立て、それぞれを鬼貫警部が陥落していく。トリックとその解明にのみ興味の焦点はあり、何度かのひっくり返しの後、最後の解明の直前に、アリバイ破りもののコペルニクス的転回とでも呼ぶべき手が出てくる。鮎川哲也は、その登場の時点から、すれっからしであり、ある意味で、ブッキッシュな体質を持っていたことが分かる。新本格以後の謎解きミステリの作家にアピールするのは、そこいらなのだろうか。

もっとも、そこには功も罪もあって、『ポンスン事件』のタナー警部に比べると、容疑者のアリバイを作意のものと解明しては、次の容疑者のアリバイにとりかかる鬼貫は、いささか節操のないおっちょこちょいに見えなくもない。容疑者のフィアンセが謎解きに加わるのも、クロフツの方が自然だし、効果的なことでも上だ。けれども、そうしたアマチュア的（ご本人も習作と言っているではないか）な部分が、不愉快にならずに、むしろ微笑ましいのが、『ペトロフ事件』の不思議で得なところだろう。実際、私は『樽』より『ポンスン事件』を好むのとは別の意味で、『黒いトランク』より『ペトロフ事件』に魅かれるのである。

（03年8月号）

時代を超えて前衛的な名作

アルフレッド・ベスター『分解された男』

『分解された男』／アルフレッド・ベスター沼沢洽治訳／創元SF文庫／1965年

アルフレッド・ベスターは、SF史上、逸することの出来ない作家である。傑作『虎よ、虎よ!』が、まず頭に浮かぶが、ミステリ的な面白さを含むという点から、ここでは『分解された男』を取り上げることにしよう。

二十四世紀の地球と周辺の太陽系。テレパシーを持つ超能力者(能力の強さで三等級に分かれる)が十万人を超えている。人の心はエスパーに筒抜けで、ために、重犯罪は計画しただけで露見する。そんな世界で、一大企業であるモナーク物産の社長ベン・ライクは、ド・コートニー率いる巨大企業との競争に敗れつつあった。ライクは夜ごと顔のない男の夢にうなされ、ド・コートニー殺害の計画に心を奪われる。和議の道を断たれたライクは、第一級エスパーである精神分析医のテイトを抱き込み、計画犯罪が不可能な社会で、完全犯罪を企てる。

ド・コートニー殺害は成就し、第一級エスパーで、ニューヨーク警察本部精神刑事部長のリンカン・パウエルが、ライクを逮捕できるか否かに、小説の興味はかかってくる。すなわち、きびきびしたアクションの捜査小説であり、倒叙ミステリでもあるのだ。

だが、本書がミステリの変種になっているのは、そうした形式面よりも、魅力的な謎を読者に投げかけていることが大きい。その謎は、殺人の引き金となった、ライクの提案をド・コートニーが拒否するところにある。殺人の動機の根幹を成すこの部分に、明らかな矛盾がある。それはなぜか？　この強力な謎の前には、顔のない男の正体は何かという謎など、霞むばかりだ。

アイデアとイマジネイションにあふれた、ベスターの描く未来社会と、そこに生きる人間と、彼らの織り成す事件は、ＳＦが描き出した世界の中でも、最高の到達点のひとつだろう。ベスターの長編の前には、たとえば『ニューロマンサー』など児戯に等しい。即物的な文章は、ハードボイルドを思わせ、ある部分ジェイムズ・エルロイを先取りしたようにも見える。終盤のライクが追いつめられていく、星の存在しない世界というアイデアと、そのアイデアが描き出す、凍えるようなサスペンスを見よ。ここでのアイデアは、単なる思いつきを超えた、作品全体と不可分な何かなのだ。タイポグラフィを表現に使うといった、いかにも簡単に古びてしまう部分だけに目を奪われる（それを認める立場も否定する立場も、ともに表面的でしかないことに変わりはない）愚を犯してはならない。ベスターの動かしがたい魅力は、そんなところにあるのではない。

『分解された男』は、半世紀前の小説とは思えない、時代を超えて前衛的な小説だ。同時に、現代の作家や読者が持つことが難しいかもしれない、未来を再生と希望の世界と捉える明るさを、そこには見ることが出来る。そして、この小説に打ちのめされたなら、続いて『虎よ、虎よ！』を読むことをお奨めする。さらなる衝撃に捕らえられるだろうから。

（03年9・10月合併号）

デイヴィッド・イーリイの短篇再評価

デイヴィッド・イーリイ「隣人たち」

『タイムアウト』／デイヴィッド・イーリイ白須清美訳／河出文庫／2010年

シオドア・スタージョンの『海を失った男』を読んでいたら、挟み込み広告の近刊ランナップに、デイヴィッド・イーリイの『ヨット・クラブ』が入っていた。ジェラルド・カーシュ、ヘレン・マクロイ、シオドア・スタージョンときて、イーリイなのだから、晶文社も本気なのだ。

イーリイはMWA賞受賞の「ヨット・クラブ」がまず有名だ。ミステリマガジン四〇〇号記念の、短篇ミステリベスト40には、「そこだけの小世界」が採られていた。だが、一作二作で終わる凡庸な作家ではない。

実を言うと、私は「ヨット・クラブ」を、さして良い短篇だとは思わない。イーリイの短篇は、結末に向かって端正に進むものが少なくないが、作品の魅力は、そのオチにはないというものが多い。「走る男」など、行き着く先はすぐに分かるし、また、分かっても構わない。悲しみと非難の表情を訴えながら走る男に対して、最後には、主人公が泣きながら訴えかける。その一点で、結末の見える話が、えもいわれぬ余韻を残すことになった。「ヨット・クラブ」が不満なのは、そこの部分、つまり厚みの部分が、小説としてうまく働いていないように思うからだ。

「そこだけの小世界」は、結末の部分の含みに非凡なものがあるし、皮肉な味の「日曜の礼拝がすんでから」にしても、暴君の夫に対する妻の無邪気な都合良さが面白い「草を憎んだ男」にしても、オチのつけ方に厚みをもたせることを忘れない。「別荘の灯」はストレートな、「夜の客」はひねった、ともにモダンなホラーだ。私の大好きな「スターリングの仲間たち」は、世に出られない芸術家たちの疑心を描いて、苦くユーモラスである。

今回、まとめて読み返した中で、もっとも感銘を受けたのは「隣人たち」という短篇だった。近所の目のうるさい小さな町に引っ越してきた若夫婦。しかし、彼らの子どもを誰も見ていない。町の人々は、はじめは好意から夫婦に近づき、やがて怪しみ始める。話は読者が予想するように進み、予想される結末に向かう。そして、予想通りの結末を迎え、しかし、その結末から予想されるものとは正反対の読後感を残す。「ヨット・クラブ」がそうであったように、ひとつの事件を簡潔に描きながら、そのことで、「ヨット・クラブ」以上に、アメリカの一側面をくっきり浮かび上がらせている

晶文社の短篇集の内容を私は知らないが、そうしたデイヴィッド・イーリイの魅力が、十全に伝わる本であることを期待している。（03年11月号）

晶文社から『ヨットクラブ』（ナカグロがない）という書名で出たのは、イーリイの第一短篇集の完訳版なのだった。しかも、第二弾の『大尉のいのしし狩り』まで出て、ますます本気なのだった。『ヨットクラブ』は、その後河出文庫に入ったが、その際に『タイムアウト』と原題を活かすように改題されている。

真面目さにつき合うほど楽しめる

ヘニング・マンケル『リガの犬たち』

『リガの犬たち』／ヘニング・マンケル柳沢由実子訳／創元推理文庫／2003年

原著刊行が一九九二年で、本邦初訳が今春という本を、「ミステリー古典名作」というコーナーであつかうのは、不適切かもしれない。だが、面白い小説なのに、書評をあまり見かけないし、さして評判にもなっていないようなので、忘れ去られてしまわないうちに、ここに書き留めておく。『リガの犬たち』は、スウェーデンの作家ヘニング・マンケルの、『殺人者の顔』に続くクルト・ヴァランダーもの第二弾。

バルト海を漂流するゴムボートに、スーツ姿の男がふたり、胸を撃たれて殺されたまま乗せられている。洋上で発見したのは、スウェーデンの密輸業者で、いまはただのドイツとなった旧東独から、ブツを運ぶ途中という、魅力的な出だしだ。ゴムボートはスウェーデン南端に流れ着き、転職を考える田舎町の警察官ヴァランダーの担当となる。ゴムボートに不似合いな高価な身なり。疑問点が浮かび、捜査がてきぱきと描かれる。ボートが遠く東欧から来た可能性が高まったところで、被害者はラトヴィア（という国はこの段階では存在しない。ソ連の一部である）の人間だと分かる。そして、リガの警察から、暴力犯罪捜査課のリエパ中佐がやって来る。

このあたりまでは、ていねいに書かれた出来のよい警察小説にすぎない。しかし、事件がラトヴィアの警察に引き渡されたと思いきや、帰国直後にリエパ中佐が殺され、ヴァランダーがリガに呼ばれてから、小説は俄然面白くなる。勝手の分からない共産主義国家での捜査を通して、小なりといえど理想の国家を作ったと自負するスウェーデンでの、しかし、倦怠感にまみれた刑事としての自分を見つめることになる。

鉄のカーテンの向こう側に潜入するというのは、いくつか先例のある手法だが、それが捜査官というのがユニークであり、しかも、小説的趣向ともテーマとも不可分だ。真相に近づいたヴァランダーは煙たがられ、スウェーデンに戻される。舞台がリガに移ってからは、警察小説というよりは冒険小説になる。生真面目なライオネル・デイヴィッドスンとでも言おうか。

そういうジャンルとしての奇妙さが、いまひとつ評価がはっきりしない理由かもしれないが、少なくとも、共産主義体制末期のリガで、西側の捜査官を説得力をもって動かすために、細心の注意が払われている。そして、ここでは、リガという主人公とは異質な街が、書割でもなく観光地でもなく、小説の中で主人公に内省を迫るなにかとして捉えられている。そうした真面目さにつき合うほど楽しめる。そんな小説なのである。

（03年12月号）

天下の奇書が持つ表裏二面の先見性

中井英夫『虚無への供物』

『新装版　虚無への供物（全二巻）』／中井英夫／講談社文庫／2004年

中井英夫の『虚無への供物』が持つ、未来を予見する力は、その表側のみが語られて、裏側が語られていないように思えてならない。

この小説は一九五四年の暮に始まり、翌五五年五月で終わる。小説の始まる直前の九月に、青函連絡船の洞爺丸が、函館湾で沈没している。これは実際に起きた事故だが、小説では、氷沼家の兄弟夫婦が乗船していて、全員が死亡し、その子どもたちの人生を狂わせる元凶となる。連続した密室殺人事件が、残された氷沼家で起きるのである。

あらゆるレベルで凝った作りのこの小説が、天下の奇書となった（どのくらい奇書かというと、講談社が現代推理小説体系全二十巻を出版したとき、別巻1をまるまる一冊『虚無への供物』にあてたのだ。初版刊行から十年経っていなかった。この原稿を書くにあたって書棚から引っ張り出してきたのも、その別巻1である）のは、やはり、その犯行動機ゆえだろう。作者自身も、そこを最も書きたかったと語っている。小説全体が、その動機に向かって、すべて収斂していく。その迫力と感動は、ミステリではもちろん、小説全般をながめても類がない。

しかし、落ち着いて考えてみよう。洞爺丸の事故とは、それほど愚かしいものなのだろうか？　それを愚かしいと呼べるほど、人間は賢いものだろうか？　海難審判は主として近藤船長の過失とした。だが、その過失は、あのヒステリックな告発に値するような、愚劣な過失なのか？（上前淳一郎『洞爺丸はなぜ沈んだか』を参照のこと）

『虚無への供物』の表の先見性は、ヒトの死を弄ぶかのような愚かさを見通したことだ。事実、洞爺丸以上に愚劣な事故は、増えるばかりだ。だが、同時に、それを愚劣なものとして告発する自我の強さ、ヒトに愚かさを許さない万能感をも、この小説は見通すこととなった。ヒトは愚かしく無意味に死ぬこともあるという、真実を認めない。告発するのは、愚かさとは対極にある人間に描かれているし、その人物は、洞爺丸という悲劇的な事故に直面して、そう考えるようになった。その根本にあるのは、あらゆる悲劇を人災と見る、ある種の万能感を前提とする考え方だ。そして、半世紀が経ち、その万能感だけが、密かに継承されているように、私には見える。

『虚無への供物』の裏の先見性とは、耐え難い現実に目をつぶるために、論理を弄ぶ人間の姿にある。中井英夫がそうだというのではない。作中に現実を巧みにコラージュする（老人ホームの火事も精神病院の火事も事実だし、大半の新聞の引用も実際のものだ）中井英夫がそうであるはずがない。だが、現実を無視した言いくるめの論理に終始し、しかも、『虚無への供物』の犯人が洞爺丸事件で受けたショックなど微塵もない。そんな、大幅に水割りされた、『虚無への供物』の犯人的な論理は、エゴイスティックなまでに現実に幅をきかせているではないか。それは、なんとも苦い先見性ではないか。

（04年1月号）

パズルストーリイが現代の神話になるとき

トマス・フラナガン『アデスタを吹く冷たい風』

『アデスタを吹く冷たい風』／トマス・フラナガン宇野利泰訳／ハヤカワミステリ文庫／2015年

書店で見つけたら買っておかないと二度とお目にかかれない。俗にそう言われることがあるが、事実その通りだったのが、前回復刊されたときの、トマス・フラナガンの短篇集『アデスタを吹く冷たい風』だ。ハンス・S・サンテッスン編『密室殺人傑作選』では「北イタリア物語」の邦題で知られる処女作「玉を懐いて罪あり」や、ふたつのクライムストーリイも、決して平凡な作ではないが、トマス・フラナガンの名前が残るのは、四編のテナント少佐ものによってだろう。

表題作は、テナント少佐初登場の作品で、EQMM年次コンテスト一九五一年度の第一席になった。独裁軍事政権国家の憲兵が探偵役で、武器密輸の不可能犯罪をあつかっている。謎とその解決の過不足ないストーリイ展開の中、巧みな描写の積み重ねで、陰影ある主人公の肖像と、架空の軍事政権国の国境を描ききった。五〇年代初頭に四作しか書かれなかったテナント少佐ものは、いずれも、法治の形をとるものの不正が日常となった独裁国家における、憲兵としての職務と良心との葛藤を、鮮やかに切り抜けるヒーローの物語だ。しかし、その葛藤を、単に独裁体制と良心の対立とのみ捉えるのは、浅慮というものだろう。

テナントは、かつて、将軍の敵軍にいたという設定（党籍もない）だが、現在将軍の下で憲兵であるのを天運と読むのは誤りだ。とりわけ「国のしきたり」に顕著だが、〈共和国〉という言葉に与えられた、様々な形の皮肉なニュアンスといい、表題作の葡萄酒商人（実は武器密輸人）への嫌悪感といい、「希望を失ったから怖れることがなくなった」と呟くテナントは、共和国への幻滅、すなわち共産主義革命への幻滅から、「全体主義よりいくらかまし」な将軍を、自ら選び取ったと考えるべきだろう。テナントほどの策士が、誤って「その率いる部隊を、敵軍ジェネラルの勢力下にある陣地内にひき入れてしまった」などと、信じろという方がどうかしている。仮に、そこを信じるにしても、テナントが現在将軍の下で憲兵少佐の職にあるのは、彼自身の意志であることに間違いはないのだ。

テナントの祖国は、地中海沿岸の国とある。フランコ治下のスペインがモデルと推測できるが、まあ、架空の国だ。独裁者の下にあって憲兵であり続けることで逆説的に暗示された、テナントの苦渋の物語として、そんな逆境の中でなお、自分の意志と良心に従いうるどいう、ひとつの神話（恣意的な権力の行使の下僕には、どんな現代人もなりうるだろう）として、この四編が読み継がれんことを。

（04年2月号）

傑作秀作がざくざくスタンリイ・エリンの短篇集
スタンリイ・エリン『九時から五時までの男』

『九時から五時までの男』／スタンリイ・エリン小笠原豊樹他訳／ハヤカワミステリ文庫／2003年

スタンリイ・エリンの第二短篇集『九時から五時までの男』が文庫化された。まことに喜ばしいことである。エリンといえば、「特別料理」の名が、必ずあげられる。それは、確かに衝撃的な処女作であったから、不当なことではないが、代表作をひとつ選ぶとすると「決断の時」になるだろう。では、その二作を読んですむかというと、そんなことはないのである。第一短篇集の『特別料理』にしてからが、この二編のほかにも、主人公が、理不尽な状況に呑み込まれ、サスペンスフルな葛藤の果てに静かな戦慄を呼ぶ「お先棒かつぎ」あり、ファンタスティックな秀作「パーティーの夜」あり、完全犯罪者の青ひげと彼を待つ罠が皮肉な結末を準備する「アプルビー氏の乱れなき世界」ありと、読むべきものが目白押しなのだ。

本書にしても、劈頭の「ブレッシントン計画」と表題作が、エリンらしい秀作とされていて、そして、それは正しいが、もちろん、それだけではない。私が推奨したいのは「いつまでもねんねえじゃいられない」「ロバート」といった、背後にアメリカ社会の暗黒を覗き込ませるクライムストーリイだが、黒いユーモアを湛える「倅の質問」や、二翻どまりといった変哲もない話を、サゲの愉快さで満貫まで持っていった「七つの大徳」も捨て難い。後者は、ある意味ありきたりというか、先の読める話を、エリン流に磨きをかけた一品で、処女作以来、石そのものよりもカットの腕前で一流を極めたエリンらしさが出ているとも言える。

ただし、である。真の短篇ミステリファンは、今回の文庫化で喜びの手を緩めてはならない。なぜなら、第三短篇集以降は、日本では一冊にまとまっていないからだ。そして、そこには、これまた傑作秀作がざくざくあるのだ。

意地悪なユーモアに満ちた「画商の女」。サリンジャーの「バナナフィッシュにうってつけの日」が危険な沖へ向かうのと対照的に、沖から危険がやってくる戦後小説「清算」。すれ違いをすれ違いのままに描いて鮮やかな「世代の断絶」。予想される結末に向けて緩みなく展開し、なおかつ意表をつく結末が楽しい「最後の一壜」。その他いっぱい。

スタンリイ・エリンの本領は、「決断の時」に代表されるように、鋭利で巧緻な職人芸だろう。だが、それだけでなく、ゆとりを感じさせるユーモラスな味も後期作品には見られる。エリンの短篇ミステリの全貌こそ、読書家の間に、すみやかに広く知られるようになってほしいもののひとつだ。

（04年3・4月合併号）

二〇〇五年に、第三短篇集にその後の短篇を増補したものが、『最後の一壜』の邦題でポケミスに入ったが、それを加えた三冊をもってしても、エリンの全短篇が網羅されたわけではない。二〇一五年には『特別料理』もハヤカワミステリ文庫に入った。あとは、完全版の短篇全集にするばかり。

シリアスな題材をシリアスなまま娯楽に

ブライアン・ムーア『夜の国の逃亡者』

『夜の国の逃亡者』／ブライアン・ムーア大庭忠男訳／ハヤカワNV文庫／１９８９年

ブライアン・ムーアの『夜の国の逃亡者』は、簡素なサスペンス小説の逸品だ。短い中に端正だが濃厚なドラマを隠し持っている。日本の現在とかけ離れたように見える、この手の小説が、あまり喜ばれないことは百も承知だが、しかし、面白いものは面白い。

ある夜、宣言広場から公邸に向かう途中で、主人公の乗る自動車が襲撃を受ける。その直前、彼は、十二世紀の思想家クレルボーの聖ベルナールの本を読んでいた。このあたり、冒頭のページから、すでに凡手ではないのだが、気負わず平然と描かれる。襲撃は、運転手の身を挺した働きで、失敗に終わるが、狙撃者と運転手が死に、犯人側の運転手である女が逃げ去る。救急隊に助けられ、そこで、彼が、この国の枢機卿、すなわちカトリックのトップであることが分かる。

一九八七年の作品であるこの小説は、舞台が、どうやら、東欧の共産主義国であり、教会の一部司教が反政府運動に動こうとしている、きな臭い時期にあるらしい。しかも、彼のもとには公安警察が現われ、態度は穏やかながら、保護拘留すると言って拉致してしまう。公安警察からは逃走するものの、枢機卿として、国じゅうに顔を知られているはずの彼が、極秘裡に〈組合〉の指導者との会見を図ることになる。

逃走サスペンスとして、目新しい手があるわけではない。だが、しっかりした描写で、架空の共産主義国での逃亡劇を描く手管は、なまなかなものではない。ここでは、サスペンスミステリの基本テクニックが、末期共産主義国と、そこに住む人々の不安（正確には、人々に尊敬される枢機卿という、宗教権力者の主人公が、突然罠に陥ることで初めて知る不安だが）とを描くことに、大きく貢献している。主人公が陰謀を確信するに到る伏線の見事なことを見よ。ここでは、ミステリであることと小説であることが、対立していない。ミステリであることが、この小説を厚みのあるものにしているのだ。

原書刊行の二年後に翻訳された本書は、共産主義国家という、その多くが崩れ去った体制の国を舞台にし、さらにカトリックとの対立関係を基本にしているという意味で、日本人にはなじみにくい題材かもしれない。だが、以前紹介したヘニング・マンケルの『リガの犬たち』同様、どのようにシリアスな題材も、シリアスなままに娯楽にしたてうるという、ミステリの持つ貴重な特性の恰好な実例だ。こういう作品が品切れなのは、実はかなりの文化的損失であると私は考える。

（04年5月号）

クリスティの最大の武器は何か

アガサ・クリスティ『葬儀を終えて』

『葬儀を終えて』／アガサ・クリスティー加島祥造訳／ハヤカワクリスティー文庫／2003年

アガサ・クリスティの『葬儀を終えて』を、三十数年ぶりに再読した。さすがに、ベスト1とは言わないが、この作家の中でもAクラス。単純にして鮮やかな謎の解明に膝をうつ。あらためて驚くのは、この小説が一九五三年の作品であることだ。私の生まれる五年前、パズルストーリイが全体としては青息吐息のころ、なお、このような傑作を書いていたことに、心の底から脱帽する。

今回、私は、手持ちのハヤカワポケットミステリで読んだのだが、昨秋出たクリスティー文庫では、かなり丹念に訳文に手が入れられている（それは本作のみならず、たとえば『そして誰もいなくなった』も、若島正が指摘した問題の個所が訂正されている）。もっとも、ポアロの台詞を、日本語のなめらかさ優先に直しているのは、一長一短の気がしないでもない（原文はどうなのだろう？）。それに、そもそも、例のあれは、いったい、二千ポンドなのか五千ポンドなのか？

アバネシー家の当主リチャードの葬儀を終えて、残された一族が、一同集まったところで、弁護士から遺言状の内容を聞かされる。その席上、不適切な場所でついほんとうのことを口にしてしまう癖のある（他人事と思えん）、勘当同然だった妹のコーラが、言い放つ。「だって、リチャードは殺されたんでしょう？」と。しかも、その翌日、コーラは何者かに手斧で頭をめったうちにされ、殺されてしまう。

端正で意外という、パズルストーリイのあるべき姿が、ここにはある。さらに、労働党政権の下、階級格差一掃のための福祉政策が進められるなか、階級意識をそう簡単になくすことは出来ない人々（それらが古くさい人間などではなく、平凡で当たり前であることに気づくのに、どれだけの時間がかかったことか）と、そこから生じる犯罪という物語の背後には、戦後イギリスの混乱と衰勢へ向かうみすぼらしさが、きっちり捉えられている。解決場面での「時々輸出品の不合格品でとても良い食器が手に入る」という台詞には、胸がつまる。How seedy.

思うに、クリスティは、犯人を描くのが巧かった。でなければ、被害者を描くのに長けていた。ただ、その巧さは、謎が解かれ、小説が終わって初めて分かる巧さだった。それは、謎解きと不可分な人間の描き方であり、ミステリでなければ、パズルストーリイでなければ描けない形の、人間の描き方だったと、つくづく思う。この作家の最大の武器はそれであり、『葬儀を終えて』は、その恰好の見本なのである。

（04年6月号）

善と悪、文明と野蛮の間でふるえる人間の姿

R・L・スティーヴンスン『バラントレーの若殿』

『バラントレーの若殿』／スティーヴンスン海保眞夫訳／岩波文庫／1996年

ある弁護士が、古い貴族に仕えた執事の回想録を手にする。百年を経過するまで封印されていた、その手記は、スコットランドの名門（ただし経済的には逼迫している）の、ふたりの兄弟の物語だった。スチュアート朝ジェームズの挙兵に呼応して、馳せ参じることを主張する、才気あふれ人を魅きつける兄。弟は、退屈で魅力には欠ける人柄だが、幼いころから、荘園を切り盛りする実務家だった。父親である大殿と、係累の娘で兄の許婚者のアリスン（金持ちでもある）は、弟とともに挙兵に消極的だが、戦乱時によくある手を用いることにする。すなわち、兄弟の一方が反乱に参加し、一方はハノーヴァー朝に恭順を示す。だが、本来、家督を継ぐべき兄が、自らの参戦を主張し、身分を放棄してでもと強硬に戦いに赴く。反乱は失敗に終わり、兄の戦死の報が入る。弟は兄にとってかわり、アリスンとも結婚する。だが、生きてい

た兄が、故郷に帰ることで、兄弟の憎悪に火がついてしまう。

ロバート・ゴダードの最新作は、そんな話である。というのは嘘で、スティーヴンスン晩年の長編『バラントレーの若殿』である。もっとも、ゴダードを引き合いに出したのは、まんざら無意味なことではない。ゴダードの小説は、本書のような英国小説の伝統の中を生きながら、プロットに複雑なひねりを加えたと見ることが出来るからだ。

惹句には「〝凶悪〟な兄と〝善良〟な弟の生涯をかけた争い」とあるが、そう簡単に、凶悪・善良と区分けできるほど、単純な小説ではない。兄の凶悪さには快活な魅力があり、それゆえ、語り手の執事マケラー（終生弟の味方である）が、新大陸へ渡る船上で、兄に心を許すようになるのだし、そのくだりが、小説としても、もっとも魅力的だ。兄の持つ「感受性に富んでいるように見えて、その実、内面は冷酷」という性格は、むしろ、二十世紀を見通したかのような近代的な悪、ないしは、近代社会において一般的になるであろう悪であった。

語り手に実直な執事を据えて、長い年月を通じた事件のときどきで、その心が揺れ動くという工夫も、さすがなものだ。コリンズ『月長石』に出てきた老執事ベタレッジと比較されたい。『宝島』もそうたが、スティーヴンスンの興味は、悪と善、文明と野蛮、そうした二面性の間でふるえる人間の姿に、おそらくはある。『バラントレーの若殿』は、ミステリではないが、そこでふるえる人間がいるからこそ、ミステリは存在しうる。ミステリに関心のある人は、暇なときに手にとるのがよろしかろう。

（06年3・4合併月号）

スピーディな中に豊かなディテイルを持つ

レックス・スタウト『我が屍を乗り越えよ』

『我が屍を乗り越えよ』／レックス・スタウト佐倉潤吾訳／ハヤカワポケットミステリ／1958年

ほとんど四半世紀ぶりに、レックス・スタウトの小説を読んだ。『毒蛇』といくつかの中篇を、十代から二十代の前半にかけて読んだきりだ。今回『我が屍を乗り越えよ』を手にしたのも、気まぐれといっていい。

私の持っているスタウトについての印象は、強烈な謎こそないが、次々と事件が起きていき、それに対するワトスン役のアーチーのアクションが、物語を進めていくというものだ。話の進行はスピーディだが、そのぶん、解決が唐突に感じることもある。クレイグ・ライスと同じタイプだと考えていた。主人公グループの会話が、洒落ているのも共通している。

ネロ・ウルフのもとに、少々言葉の怪しい女性が訪ねてくる。彼女は、友人とふたりモンテネグロ（刊行当時の一九四〇年は、国家としてはユーゴスラヴィア）から渡米し、フェンシングを教えている。友人が窃盗の嫌疑をかけられ、それで、同郷のウルフに助けを求めにきたのだ。ウルフがモンテネグロの出というのが、スタウトの良い読者ではない私には、まず、驚きなのだが、ともあれ、ウルフの態度は消極的だ。一度は追い返すものの、女が去った後に、ウルフの蔵書に挟んで、セルビア王室の謎の手紙が残され、さらに、再度やってきた女は、疑われている友人は、ウルフの娘であると主張する。参戦直前のきな臭い時代を背景に、若き日のウルフの姿を垣間見せながら、事件は殺人へと発展していく。

本書でも、そのスピーディな展開は健在で、小さな驚きと解決、新たな謎が、次々と事件とともに発生し、読者に息つく暇を与えない。ラストのツイストも見事である。

だが、それらの技だけならば、所詮小技頼みの軽ミステリで終わっただろう（もっとも、そういう軽ミステリも、バカには出来ない）。スタウトのミステリが読む者を惹きつけるのは、描写や行間に意味を込めるといった、小説としての厚みが、きちんと創られているからだ。二十歳前後の私が、単にスピーディとしか読めなかったスタウトは、実は、その背後に、豊かなディテイルを隠し持っていたのだ。

『我が屍を乗り越えよ』では、そのディテイルが、ミステリとしてのツイストにも寄与していて、それだけに、仕上がりがよい。ウルフと依頼に来た女の最後のシーンには、かなり複雑な感情さえ込められている。こういう場面を読むと、ミステリが小説であるという単純な事実が首肯されるだろう。

（06年5月号）

映画にはない悪魔じみたノンシャランさ

パトリシア・ハイスミス『太陽がいっぱい』

『リプリー』／パトリシア・ハイスミス佐宗鈴夫訳／河出文庫／2000年

パトリシア・ハイスミスの小説 The Talented Mr. Ripley は、まず、アラン・ドロン主演の映画「太陽がいっぱい」の原作として、日本にその名が知られ、映画公開後十年ほどを経て、映画と同じ題名で翻訳が出た。このとき、映画とは結末が異なることが話題になった。さらに、再度映画化されたものが「リプリー」の邦題で上映された。再映画化は、結末に加えて、ホモセクシュアルの匂いを表に出したことで、原作に忠実だと思われているようだ。確かに、より原作に近いのは「リプリー」の方だろう。だが、かなり脚色部分があり、その工夫が懸命な努力なのを認めつつ、映画「リプリー」の脚色は、私には痛々しく見える。

映画「太陽がいっぱい」と異なり、ハイスミスの小説は、ディッキーを殺し、彼になりすますことで彼の金を奪う、リプリーの犯罪を、必ずしも計画的なものとして描いてはいない。ハイスミスが描いたリプリーは、無軌道で行き当たりばったりだ。彼は、自分がどのような人間であり、他人からどう見られているかに、無関心で無自覚だ。それゆえ、自分の頭の中と実際の世界との間には差があることに、考えがまわらない。彼は、自分とディッキーが異なる人間だという実感が得られず、だから、自分がディッキーであっても構わないと考えることが出来る。

ハイスミスの小説には、規範や価値観は個人の内面とは切れた部分で学習されるという発想と、その学習に失敗した奇妙な人間が、多く見られる。リプリーは、その中でも、極端な性格であろう。自分は何者にでもなれると楽天的に考える。一方、最初のディッキー殺害は、ディッキーに嫌われたと考えた彼が、その観念を自ら勝手に膨らませていった結果だった。

映画「リプリー」と「太陽がいっぱい」の違いは、そうしたリプリーの性格が持つ不安定さを、意識しているかいないかが大きい。映画「リプリー」は、リプリーが実はリプリーでさえないという工夫までほどこして、誰でもない男が殺人を重ねざるをえないことを、懸命に描いた。この点の前には、リプリーにホモセクシュアルの資質があるか否かなど、枝葉にすぎない。

にもかかわらず、映画「リプリー」には、ハイスミスの小説が持つ、悪魔じみたノンシャランさがない。いきあたりばったりで、悪意の希薄なムシのいい犯罪を、世界は見逃し許してしまうことがあるという、醒めた認識が、そこにはない。原作の巨大さを前に、この脚色を痛々しく感じるのは、そのためなのである。

（06年6月号）

私が所持し、この原稿を書くために読んだ、河出文庫版佐宗鈴夫訳も、角川文庫版青田勝訳も、ともに、当初は『太陽がいっぱい』だった邦題が、『リプリー』に変わっている。この稿で、取り上げた小説の邦題を書くのを、慎重に避けているのは、そのためだ。この小説の邦題が、最終的にどういう形で落ち着くのかは、いましばらく見守る必要があると思っている。

仮に、こんなことを考えてみよう

アヴラム・デイヴィッドスン「ラホール駐屯地での出来事」

『どんがらがん』／アヴラム・デイヴィッドスン 殊能将之編／河出文庫／２０１４年

仮に、こんなことを考えてみよう。

幕末の江戸に、ある武家のひとり娘がいて、幼なじみの男が許婚だったとする。ところが、ある日、娘は女房持ちの浪人者を恋こがれてしまう。横恋慕の熱は冷めず、娘のわがままを、親は諫めないばかりか、娘の意に添おうとしている。許嫁の男には陰湿なところがあって、娘の決心が固いことを知ると、いっそ、浪人が女房に愛想づかしするよう、策を用いることを、自らの心は秘めて娘の父親に進言する。策はあたり、口車にのった浪人は、自分の女房を殺してしまう。祝言の段取りに話が進むころ、男はこっそり訴え出て、浪人はお縄となってしまう。

男は娘の婿におさまるが、浪人の女房殺しは江戸じゅうの話題となり、歌舞伎に仕組まれ、当たりをとる。芝居の作者は鶴屋南北。「東海道四谷怪談」である。

幕府が瓦解して、長い月日が過ぎた。件の武家は零落し、婿入りした男は娘ともども貧乏暮らし。出入りの酒場の酒も一杯きりと、倹約を強いられている。その酒場で、老いた男がくり返すのは、かつて、自分が自慢の娘の婿となったいきさつだ。それは、彼の話だけを聞けば、真偽も定かでないホラ話のようでもあり、たとえ事実であったとしても、単純な悪事の物語にすぎない。だが、彼は自慢気に話す。いつか、それが、芝居では伊右衛門と岩の話になったものの真相だと、誰かに気づかれないかと、また、気づいてくれる誰かに出会わないかと、怯えながら。そして、ある晩、ついに、その人間が彼の前に現われる。

アヴラム・デイヴィッドスンの「ラホール駐屯地での出来事」は、そんな人間の感情を、小説の奥底に秘めたまま、始まり終わる。もちろん、この短篇は、それだけの話ではない。老人の話す、ラホール駐屯地での出来事を聞くのが、第二次大戦直後のイギリスに駐留しているアメリカ人であるという仕掛けは、キプリングの詩とあいまって、駐屯する人間とされる人間の関係を睨んでいることは明らかである。しかし、老人の秘められた小心さ陰湿さと、同時に、それを隠し続けることの出来ない弱さとが、この短篇の命であり、その果てに、老人の顔に浮かんだ恐怖と挑発と勝利とが、一瞬にして「混濁とした老人の記憶だけ」になるところに、閃光の人生がある。

「ラホール駐屯地の出来事」が収録されている短篇集『どんがらがん』は、河出書房の奇想コレクションの一冊として刊行された。この短篇集は、おそらく、デイヴィッドスンの奇想天外な部分が、評価されているのだろう。しかし、「ラホール駐屯地の出来事」の屈折した想像力にも、ぜひ、目を向けていただきたい。

（06年7月号）

『どんがらがん』は、アヴラム・デイヴィッドスンの評価を、日本に定着させてやろうとする野心が微笑ましい短篇集だが、編者である殊能将之はいまや亡い。この一文は、氏の霊前に捧げたい。

悠然とした筆致のパズルストーリイ

エドマンド・クリスピン『お楽しみの埋葬』

『お楽しみの埋葬』／エドマンド・クリスピン深井淳訳／ハヤカワミステリ文庫／1979年

「エドマンド・クリスピンの作品は、第二次大戦の末期に登場した作家の困難な立場を示している。心情的には、黄金期に確立された物語作りの基準に共感しているからだ」（ジュリアン・シモンズ『ブラッディ・マーダー』）。

私はクリスピンの長編ミステリを三作しか読んでいないが、共通しているのは、動きの多いコミカルな事件の連続で、小説が展開していくことだ。右のシモンズの文章の「心情的には」以下には、共感しているものの、その行き方が、読者にとっても作家自身にとっても、すでに受け入れがたくなっているという、当時の諦念が隠されている。

クリスピンの代表作とされるのは『消えた玩具屋』だが、私は賛同しかねる。深夜死体が発見された玩具屋が、朝には消えているという冒頭は、ハッタリが効いているものの、それを巧く活かせていないのではないか。それに比べると『お楽しみの埋葬』は、悠然とした筆致のパズルストーリイになっている。

主人公のジャーヴァス・フェンが、気まぐれから、下院議員に立候補し、選挙区である村にやってくる。民主主義の理想とは遠い田舎の選挙の現実が揶揄されながら、一方で、謎めいた人物や、愉快な事件が読者の前に登場する。すでに毒殺事件が起きているのだが、それも、噂話程度にすぎず、フェンの同宿者がロンドンの警部で、隠密裡に捜査中と分かるまでの前半三分の一は、事件の輪郭すらハッキリしない。このあたり、連想するのは、クリスティの『ゼロ時間へ』である。だが、その警部が殺され、さらに殺人未遂事件が続き、選挙に嫌気がさし始めたフェンは、事件に興味を示す。

この小説も、事件とコミカルな騒ぎの連続で展開していく。そして、最後に到って、フェンが事件を解決する。露出狂の男をからめることで、中盤に謎解きの興味を持続させ、パズルストーリイ色の濃いところを見せる。そして、ある女性に関する意外性が暴かれることで、事件は一気に解決する。そのスッキリした解決も好ましい。

『お楽しみの埋葬』は、現代の本格ファンに知己を見出すかもしれない。だが、忘れてならないのは、謎解きの楽しさを充分に持ったこの小説でさえ、クリスピンは、お得意のカーチェイスをクライマックスにおき、ナンセンスなキャラクターとにぎやかな騒ぎに、小説の展開を託している。そのことが、作家の趣味を示すだけだとは、私にはどうしても考えられない。

(06年8月号)

外套と短剣と魔法の国

ランドル・ギャレット『魔術師が多すぎる』『魔術師を探せ！』

『魔術師が多すぎる』／ランドル・ギャレット皆藤幸蔵訳／ハヤカワミステリ文庫／1977年
『魔術師を探せ！』／ランドル・ギャレット風見潤訳／ハヤカワミステリ文庫／1978年

現在入手可能なのかどうか、私は知らないのだが、ランドル・ギャレットの『魔術師が多すぎる』は面白い。初紹介から三十年を超え、一九六〇年代の長編謎解きミステリで、この間、常に評価が高かったのは、これとジョイス・ポーター『切断』の二作だろう。

もっとも、謎と解決そのものよりも、魔術と魔術師が文明を支えている現代のヨーロッパという、基本アイデアが抜群に良くて、そこから派生する大小のアイデア、趣向、ディテイルが、その魅力の正体だ。見過ごされがちだが、渋いユーモアも捨て難い。密室のアイデアは、カーター・ディクスンの前例の改良型だが、魔術という、その社会のテクノロジーの根底にあるものが、登場人物たちにも、必ずしも正確には認識されていないという設定が、巧みに効果をあげていて、ＳＦミステリにつきものの、読者だけがその世界のルールに疎いという陥穽を避けている。

『魔術師を探せ！』は、『魔術師が多すぎる』に先立つ、ダーシー卿と魔術師ショーンのコンビが活躍する中短篇三作を収めた、日本独自の作品集である。わざわざ短篇集を出したところに、『魔術師が多すぎる』の影響の大きさ、人気の根強さが現われている。のみならず、ここに集められた三篇も、また、並みのミステリではない。

謎解きの仕上がりが良いのは三番目の「藍色の死体」だろう。シリーズ第一作の「その眼は見た」は、斬新なアイデアがあるものの、それを謎解きには、活かしていない。「シェルブールの呪い」は、シャーロック・ホームズふうの追跡型ミステリの佳作で、このシリーズが、剣と魔法の国ならぬ、外套と短剣と魔法の国であることを示している。

　魔術がすべてをコントロールする世界での、殺人事件の捜査というアイデアだけで、成功は半分約束されたようなものだ。しかし、実際は、残りの半分が大切であり、それなくして成功はありえない。そのアイデアを活かすために、その世界、人々、そこでの事件と、すべてが魅力を放つよう考え抜かれている。『魔術師が多すぎる』は、「藍色の死体」で謎解きミステリの予行演習をすませたギャレットが、正面きって挑んだ密室ものであり、そこがクローズアップされるのも仕方がない。それに比べて、『魔術師を探せ！』は、謎解きの要素が、ワン・オブ・ゼムなだけに、面白さも多様である。そして、その贅沢さこそが、『魔術師が多すぎる』も含めて、このシリーズの最大の特徴だろう。

（06年9・10月合併号）

調子はずれの色彩の中に潜む何か

ライオネル・デヴィッドスン『モルダウの黒い流れ』

『モルダウの黒い流れ』／ライオネル・デヴィッドスン宇野利泰訳／ハヤカワポケットミステリ／1961年

ライオネル・デヴィッドスンには、八つの長編がある。一九六〇年の『モルダウの黒い流れ』での登場から、半世紀近い。それで長編八つは寡作だが、近刊の『チベットの薔薇』を含めて、六作が翻訳されている。

ひょんなことから、共産主義体制下のプラハに、商用として送り込まれた主人公が、スパイの疑いをかけられ、夜のプラハを逃げまどう。この処女作でCWA賞を受賞し、すぐに翻訳された日本での評判も悪くなかった。しかし、植草甚一が「オフビート」と評したように、通常のスパイ小説や冒険小説とは、たたずまいが異なっていた。

以後『シロへの長い道』（六六年）『スミスのかもしか』（七一年）『チェルシー連続殺人』（七八年）『極北が呼ぶ』（九四年）といった作品が、翻訳されている。それぞれの作品は、方向性が一定でないうえに、いずれも、ひねった作り方、凝った書き方で、しかも、約束事を平気で無視するようなところもある。異色作の『スミスのかもしか』が、日本では評判にならず、パズルストーリイに身をやつした『チェルシー連続殺人』の出来が、いまひとつだったために、潜入ものを得意とする冒険小説作家というのが、デヴィッドスンに対する、日本での評価ということになるだろう。

本書の特徴は、鉄のカーテンの向こう側に主人公を送り込む類書（『最後の国境線』『鏡の国の戦争』から『ファイアフォックス』まで）と比べれば、自ずと明らかだ。主人公は企みの全体を知らず、その足取りはおぼつかかない（むしろモームの『アシェンデン』に近い感覚だ）。そして、些細な日常的ともいえるディテイルの齟齬が、主人公を窮地に陥れる。見知らぬ国で無賃乗車をしているようなサスペンスだ。そのことは、計画がシリアスになり、よりスケールアップした『極北が呼ぶ』にも、あてはまる。『モルダウの黒い流れ』に比べると、はるかに、緻密でまともな作戦であるにもかかわらず、主人公の脱出は、いきあたりばったりで、ズッコケたものになってしまう。

ライオネル・デヴィッドスンの小説は、いつも、こうした調子はずれの色彩を帯びる。また、それが個性だと考えられてきた。だが、最近、秀作『スミスのカモシカ』や、第二長編『チベットの薔薇』を読んだ私には、そこに、それ以上のなにかが潜んでいるように思えてならない。デヴィッドスン評価のキイポイントは、そこらへんにあるというのが、私の直感である。

（06年11月号）

ライオネル・デヴィッドスンの長編は、その後『大統領の遺産』も翻訳され、未訳は一作きりになった。どこか訳出してくれないものだろうか。

ジャッカルが生きつづける理由

フレデリック・フォーサイス『ジャッカルの日』

『ジャッカルの日』／フレデリック・フォーサイス篠原慎訳／角川文庫／1979年

『ジャッカルの日』で、フレデリック・フォーサイスが登場したときの、きらびやかさを、当時を知らない人に説明するのは難しい。日本での翻訳は一九七三年。カヴァーと扉の、照準に狙われたドゴールのシルエットのイラストとともに、フォーサイスは颯爽と現われた。映画の公開ともあいまって、それはにぎにぎしかった。それほど驚くような登場じゃなかったって？　まっとうな小説読みの人は、そう言うかもしれない。フォーサイスの登場は意味があり、かつ意味がなかったからだ。

一九六三年。ドゴールの暗殺に失敗し（史実である）、追い詰められたフランスの右派軍事組織ＯＡＳは、フリーランスの外国人暗殺者に、ドゴール殺害を依頼する。暗号名ジャッカル。ありきたりと言えばありきたりな、このシンプルな攻防の物語を、歴史的な作品にしたのは、標的に、ドゴールという、実在の、それも執筆時には存命だったであろう（出版は死後）大政治家を持ってきたことにつきる。そもそも、実在の人物をそのまま素材にするのは、歴史ものかキワモノの技であった。

しかし、二十世紀のジャーナリズムの発達は、実際の政治状況、国際状況と、そこに登場する人物を、つぶさに観察調査し、それを日常的に記述する職種を産みだしていた。ジャーナリストである。『ジャッカルの日』の導入部一章分は、ジャーナリストによる、（実際の）ドゴール暗殺未遂のルポと紙一重だ。そして、その書き方のまま、フィクションである、ジャッカルによる暗殺事件に移行する。事件の全体を見通し、細部は調べえた範囲で細かく書く。以後、隆盛をきわめることになる国際謀略小説の多くが、また、それ以外の小説でさえもが、ジャーナリズムの手法を持ち込んだ『ジャッカルの日』に学んだのは、この書き方であった。

筋立て、展開、人物配置など、魅力的ではあっても新味のない話が、この書き方と、実在する超有名人の標的というハッタリとで、息を吹き返した。この小説の弱点のひとつは、女スパイに代表される、脇役とその過去を描く筆の平凡さだ。さらに、私が重視したいもうひとつ弱点は、ジャッカルがフランス国内を移動するルートを描く味気なさである。都市名を列挙して終わる退屈さは、のちの模倣者の、ムダに長く退屈なディテイルを、予告しているかのようだ。

にもかかわらず『ジャッカルの日』は、いまも活きつづける。歴史的には、国際陰謀小説とその書き方を示したことで。そして、商業的には、暗殺と追跡のゲームという、いつまでも古びることのない物語を提供することで。

（06年12月号）

落日の英国で企まれた戦争ごっこのような犯罪

ジョン・ボーランド『紳士同盟』

『紳士同盟』／ジョン・ボーランド松下祥子訳／ハヤカワポケットミステリ／2006年

イギリスの作家ジョン・ボーランドの『紳士同盟』を読んで、ちょっと驚いた。そのユーモアが、予想よりも陰鬱なものだったからだ。

この小説は、一九五八年の作品だが、六〇年に映画化されたものが、日本では知られていた。私も、かねて観たいと思っているのだが、いまだに果たせていない。ともあれ、その製作も本邦公開も「オーシャンと十一人の仲間」と相前後し、戦争体験を平時の犯罪に持ち込むという発想が共通していた。

『紳士同盟』の主人公は、ライオネル・ホワイトの『逃走と死と』という五五年のアメリカの小説（スタンリー・キューブリック監督の映画「現金《げんなま》に体を張れ」の原作として有名だが、この小説も面白い）に触発されて、銀行強盗を思いつく。荒っぽい銀行強盗はアメリカでのお話で、イギリスでは無理という常識が、話の背後にはある。しかし、軍事作戦と同様の規律と緻密さで臨めば、と考えて主人公はメンバー集めにかかる。

ジョン・トーランドのノンフィクション『ディリンジャー時代』には、元プロシアの青年将校ことラム男爵が「いちばん金儲けになる方法として、軍事教練の利用を思い立ち、強盗に転進した」ことで、第一次大戦中から戦後にかけて、組織的な計画犯罪としての銀行強盗が、アメリカで発生し、刑務所を通じて、そのノウハウが広がっていったことが、指摘されている。軍事技術が民間技術を主導するのは、犯罪の世界も同じと見える。『紳士同盟』は、三十年を経て、その発想の、ヨーロッパへの逆輸入である。

元陸軍少佐のヘムリングソンは、叩けば埃の出そうな元士官たちに『逃走と死と』を送りつけ、銀行強盗に誘う。士官は当然紳士であるという前提が、ここにはある。しかし、金に窮したヘムリングソンは、落ちこぼれながら紳士であるものの、他の連中は紳士のまがいものにすぎない（ヘムリングソンだけが指揮官訓練学校を知らない）。

十年後なら、なみのケイパー小説にしかならなかったであろう題材が、これほど陰鬱で滑稽な話になったのは、士官は紳士であるという英国病的常識が、生々しさを持っているからだ。

図上演習が好きで、他のメンバーを信じられない（襲撃先さえ直前まで知らせない）ヘムリングソンは、しかし、その秘密を明かすことで安心を得、配下の料理の腕に感心する（実務に無能で見栄っ張りという、いじましさ）。映画は原作と結末が異なるようだが、落日の英国で企まれる戦争ごっこのような襲撃犯罪には、本来、この結末しかありえない。

（07年1月号）

『獄門島』の魅力

横溝正史『獄門島』

『獄門島』／横溝正史／角川文庫／1996年改版

もちろん、横溝正史の『獄門島』は、世界に誇る日本語で書かれたミステリの傑作である。ここでは、その魅力について書く。もっとも、その謎を投げかける巧さと解決の鮮やかさ、その構成美、そのスピーディな展開、その伏線をつなげていくだけで自然とストーリイが形成されているかのような無駄のなさ、その巧みに世相を反映する社会性、そして、それらがミステリの本質部分と不可分なことなど、たいていの美点はすでに指摘されているだろう。

横溝正史は『獄門島』連載を開始するにあたって、「作家の言葉」という一文を草している。その中で、もっとも愛読する作家としてディクスン・カー（カーター・ディクスンも含む）をあげ、とりわけ『帽子収集狂事件』『黒死荘の殺人』『死人を起す』（『死者はよみがえる』）の三作の名をあげている。これから連載しようという矢先なので、あからさまに書けないのは当然だが、この三作は、単にお気に入りの作品というだけではなく、『獄門島』を執筆するに際して、横溝正史が直接の影響を受けた作品群であることは、明白であろう。中にはトリックの再利用としか言いようのないものもあり、そういう意味では、出所を自ら明記したとも言える。

三作中、もっとも影響が分かりやすいのは『死人を起す』だ。『獄門島』の第三の殺人は、まったく同一トリックの再利用と言ってもよい。絞殺できないはずの（条件を負っている）人間が、こうすればタオルないしは手ぬぐいで人が殺せるというトリックだが、私に言わせれば、著しく魅力に欠けるアイデアだ。カーの場合も正史の場合も、そこから謎の不可解さを演出できていない。そういうことの無理なアイデアなのである。とくに『獄門島』の場合は、犯人が自ら絞殺の出来ない状態にならなければならず、その必然性はともかく、あいつが、実際にうまくそうなれるだろうかと考えると、少々怪しい。『獄門島』の数少ない小さな瑕のひとつだと思うが、にもかかわらず、『死人を起す』よりも、そのアイデアを巧く使っている。というのも、白拍子装束の死体の首に巻きつけられた手ぬぐいと、色とりどりの布の吹き流しという、犯行現場の視覚的イメージが鮮やかな上に、その布の先で猫が鈴を鳴らしている（その音が被害者の死の発見を遅らせると同時に、死体の発見を促す働きもしている）という聴覚的な効果が抜群だからだ。

同様のことは、第一の殺人と『帽子収集狂事件』との関係にも言える。ここでも、横溝正史は、カーのアイデアを再利用している。そのアイデアは、ある重要なものが実は移動していたというものだが、これまた、謎として提出しにくいアイデアである。『帽子収集狂事件』は移動に車が使われていて、ごていねいに、同乗者が乗り込んでくるのだが、そこまで発展させると明らかなように、このアイデアは、実はそうだったのですと種明かしに使うよりも、本来、そこを明かしてしまって喜劇的に使った方が活きる。もっと言えば、伏せたままで、喜劇的な展開をするならば、前衛的なものになる可能性さえあると思うが、カーに望むのは無理だろう。

伏せたままで、つまり、パズルストーリイの解決のための趣向として用いるならば、移動後の状態が派手で人目を惹いた方が効果的だ。そう考えると、『獄門島』の方が使い方が巧妙であり、事実、より効果があがっている。おまけに、暗闇の中で、それを移動中の人物を描いてしまうところに、横溝正史のぬけぬけとした上手さがあって、そこが効いているのも大きい。しかも、その描写には、美しさまであるのだから始末に悪い。このふたつの事例から言えるのは、横溝正史の方がカーより小説が巧いということだ。

このふたつに比べると『黒死荘の殺人』の影響は、少々回りくどく、間接的である。『横溝正史読本』に収められているが、正史に「忠臣蔵とカー」というエッセイがある。そこで、横溝正史は、歌舞伎というトリックの発想の宝庫を持ちながら、そして、〈鉄砲傷と刀傷〉という成句にまでなっているような歌舞伎の常識を、自身持っていながら、『黒死荘の殺人』のメイントリックをカーに先んじられたことを、心底悔しがっている。したがって、『獄門島』の第二の殺人で、犯人がアリバイ作りのために用いるトリックは、歌舞伎（といっても小芝居の類だろうが）から着想を得たという意味で、発想の宝庫からの収穫を示し、『黒死荘の殺人』を読んでの悔しさを、いくばくか晴らしたかったのではないだろうか。

戦後になって、本格探偵小説一本で行くと、横溝正史が決心したとき、カーを手本にしたこと、その根拠が、ストーリイテリングに自信を持ち、そこを武器にしようと考えたところにあることは、正史自身が書いている。しかし『獄門島』の「作家の言葉」にあげた三作は、いずれもカーの初期作品であり、語り口の面では拙さが目立つ。ここはカーの小説作法の変化を考える場ではないから、詳しくはふれないが、この三作に共通するのは、事件を過去のものとして、供述による再構成でのみ提示していくことで、読者にとってははなはだ読みづらい書き方、小説としてはしばしば退屈な書き方をとっている。それに比べて、『本陣殺人事件』以後の横溝正史のパズルストーリイは、おおむねクロノロジカルな展開を心がけていて、それはストーリイテラーという自己規定にも忠実なことだと言える。

先に、カーのトリックの再利用について検討を加えたが、そこに目立つのは、横溝正史の小説巧者ぶりだ。小説が巧いからこそ、テクニックを活かすことが出来る。そして『獄門島』は、その巧さが極点にまで高まった傑作だろう。本稿のために読み返した『獄門島』は記憶しているだけで七読目だが、それでも、新たな発見がいくつもあった。たとえば、花子の姿が消えて、皆で探そうという段になって、和尚さんが手分けをする。金田一耕助も自分になにか出来ることはないかと尋ねる。以下引用すると。

「金田一さん、あんたはわしといっしょに来ておくれ、――ああ、いや」

と、和尚は幸庵さんを眼にとめて

「すまんがあんた、幸庵さんを送っていってやって下さらんか（以下略）」

こういうところが、震えがくるほど面白い。金田一耕助を同行させるなど、絶対にあってはならないにもかかわらず、一度、そう言わせてしまう。必然性や意図のみを求め、設計図通りに書く小説では、この文章は出て来ない。そして、和尚という人物のある面からは、確かに、このような行動をとりうると納得させる。

一方で、将棋では最後の詰みの場面で一歩も余らないと称揚されることがあるが、その感覚に近いのが、終盤近く、分鬼頭の儀兵衛に、生前の嘉右衛門のことを訊ねる場面で、儀兵衛が金田一の正体をすでに知っていたことを明かし、耕助がそれに驚くくだりだ。村長が金田一の正体に気づき、過去の新聞で確認する。村長はそれを内密にしておくが、助役だけが知る。その助役が儀兵衛に教えていたのだが、前半に一度だけ、助役（当人は小説に出て来ない）が分鬼頭派であることが、さりげなく書かれているのだ。序盤のこの歩の突き捨てが、見事に効いて、最後の一歩による絶妙の叩きが決まった瞬間である。

『獄門島』というパズルストーリイが持つ魅力は、その大半が、パズルストーリイという形で発揮される、小説の持つ魅力が磨きぬかれたものである。私が『獄門島』について言いたいのは、そのことにつきる。

（書下ろし）

ユーモアミステリが芽吹いたころ

高橋泰邦『軍艦泥棒』

『軍艦泥棒』／高橋泰邦／朝日ソノラマ文庫／1976年

本欄も今回が最終回なので、にぎやかな明るい小説で締めくくりたい。高橋泰邦の『軍艦泥棒』は、日本では稀なユーモラスな冒険小説だ。この小説が、あまり顧みられていないのを、常々残念に思っている。

　おそらく一九七〇年前後の横須賀。フーテンという言葉は、いまでは死語だろうが、フラフラ遊び暮らす若者たちの中に、少々向こう見ずな一団がいて、「軍艦を盗んでタヒチに行こう」と、米軍のフリゲート艦をかっぱらう。メンバーのひとりが神父の養女なのを利用して、フリゲート艦を少人数の乗組員の状態で沖合いにおびき出し、まんまとこれを奪取するが、当然ながら、米海軍あげての追跡を受ける。

　高橋泰邦は海洋ものの実作と翻訳で有名な人だ。翻訳は海洋ものに限らないが、実作では、『衝突進路』以来、ほぼ一貫して、海洋冒険小説、海洋ミステリの道を歩んだ。『軍艦泥棒』は、のちに朝日ソノラマ文庫に入ったが、おかげで、ヤングアダルトかジュヴナイルと勘違いしている人もいるようだ。もともとは月刊ペンに連載され、同社からソフトカヴァで刊行された。私が読んだのも、その版だ。七〇年の『偽りの晴れ間』、七一年の本作と、立て続けに推理作家協会賞の候補となり、逃したものの（両年とも受賞作なし）、候補の中でも、もっとも惜しい位置にいた。

　『軍艦泥棒』は奪取の経過といい、快速艇、レーダー、艦隊、駆逐艦、潜水艦と、次々に現われる追手を振りきれるか否かのサスペンスといい、冒険小説のお手本のような手順が、コミカルな登場人物と展開方法のうちに楽しめる。とくに、追跡が始まってから、嵐の中の漁船救助までの中盤は、最高に面白い。喜劇的なタッチに、いくぶん堅さがあり、そのためか、細部がやや粗いのと、嵐のあとで息切れするのが惜しい。ただ、終盤に関しては、米軍側からは描かないという方針が、不気味な潜水艦長として活きている。

冒頭の一章「海の当たり屋」は、以前に高橋泰邦が旧宝石に書いた短篇「海の当り屋」（宝石の傑作選集にも選ばれた）を、アレンジしている。『軍艦泥棒』には、この短篇のリヴェンジマッチの側面もあると、あとがきで著者も書いている。だが、こうしたユーモラスな冒険小説は、なかなか根づかない。さきに、朝日ソノラマ文庫に入ったと書いたが、『軍艦泥棒』が出たころ、同社には、サンヤングという、ジュヴナイルのシリーズがあった。そこには、加納一朗がいて、小林信彦のオヨヨ大統領シリーズの最初のふたつがあり、井上ひさしが処女小説を書き、辻真先が『ニッポン絶体絶命』というユーモア冒険小説でデビューしたのち、薩次とキリコのシリーズを書いた。そして、それらのいずれにも、無類のユーモアがあった。

都筑道夫と結城昌治を先駆とし、オヨヨ大統領シリーズが同時期にあった一九七〇年前後。

振り返れば、このころが、ユーモアミステリの可能性が、日本でもっとも芽吹いた時期であったと思う。

（07年2月号）

■第八部

時と場所の二重に隔てられた恋

小林信彦『イーストサイド・ワルツ』

『イーストサイド・ワルツ』／小林信彦／新潮文庫／1995年

かつて、ある女性誌で、恋愛小説のベスト20を選ぶ、という企画に参加したことがある。その時に、非常に困った。現代においては、恋愛などいくらでも自由にやって構わない。少なくとも、タテマエ上はそうで、そうなると、恋愛だけという興味では、小説としてつまらないのである。

そこで、おおざっぱに分けて、二つの道に分かれる。ひとつは、恋愛プラスαの小説であり、ひとつは、これも恋愛小説だというタイプの小説だ。前者は、プラスαの部分が恋愛と不可分である時に、俄然面白くなり、後者は、〈人が恋する時〉の心の動きが、実はこんなところでも働くという形で膝を打たせる。

小林信彦の新作『イーストサイド・ワルツ』は、一見前者のタイプだが、実は後者の小説ではないかと思う。恋愛小説プラス都市（東京）小説と見せかけて、あるいは反対に、都市の物語に恋愛小説ふうの衣装をまとわせたと見せかけて、実は、もう少し手強い。そこで鍵になるのは、主人公の愛する娘が、あまり生身の人間を感じさせないことだ。

短かいプロローグの後、小説は、主人公である、五十代の作家の一人称で進む。東京の山の手に生まれ育ち、離婚経験のあるこの男は、青山の生家に、少々エキセントリックなところのある叔母と住んでいる。男は、ある講演会で知り合った、加奈という娘を、資料整理のバイトで雇う。この娘は、十代のころ好きだった女の子に面影が似ており、次第に恋におちていく。

「生身の人間を感じさせない」と書いたが、それは、この小説が〈人が時と場所の二重に隔てられた相手を恋した時〉というモチーフに、忠実だからだ。隅田川をはさみ東（女）と西（男）に生まれた二人が、川を越えて住むのを「半分、外国にいるようなもの」と感じることは、東京生まれでない身には、いまひとつピンと来ない。しかし、親子ほども年齢が違う、隅田川の向こう側の娘は、主人公にとって、ほとんど異界の人間のように映っている。

ここで連想するのが、村上春樹の長編『国境の南、太陽の西』である。こちらの方は、相手の女性の異なり方の純度が高いから、ホラーすれすれの小説になっていた。それに対して、

『イーストサイド・ワルツ』は、加奈という娘の背後には、時と場所を超えて（時空を超えて、と言ってもいいが）、ありえたかもしれない東京と、その生活があり、主人公の恋愛の対象は、おそらく、そちらなのである。

（94年5月号）

主人公の合理的思考法に苦労を予感する

川島誠『もういちど走り出そう』

『もういちど走り出そう』／川島誠／角川文庫／2003年

川島誠が書いていた児童文学を、私は読んでいない。前作『800』を、私は心の中で、青春小説と考えているが、あれは児童文学だと言われれば、敢えて異を唱える気持ちはない。二人の男子800メートルランナーと、一人の女子ハードラーと、一人の足の悪い女の子の恋愛小説でもあった。もっとも、そんな区分は、実は、どうでもいいことで、とにかく『800』は面白い小説だった。その川島誠の最新作は、雑誌TARZANに連載された『もういちど走り出そう』だ。

「私」は二十九歳の歯科医。高校生のころ、400メートルハードルの選手で、インターハイで3位になったことがある。しかし、大学に進むと、陸上競技からは足を洗い、歯学生としての勉強に励む。そして、高校の同級生だった恋人と結婚した。彼女の父親は歯医者だった。いまでは、駅ビル内のテナントで審美歯科を開業し、中年の奥様方を顧客に、保険外の処置を中心に、インフォームドコンセントを心掛けたサーヴィスを行っている。

そんな「私」が「もういちど走り出」したのには、キッカケがあった。ある日、妻が純文学の新人賞を取り、作家になってしまう。それまで、彼女が、ものを書くことに興味を持っていることなど、まったく気づかず、それが高校のころからの希望であったことさえ知らなかったのだ。

「私は戻りたいと思っているのだ。ふたりで彼女の家で昼夜を過ごした高校生のころに。仕事だとか親だとかの絡まない、ふたりだけのころに。私は、彼女が小説を書き出したというのも、彼女が同じことを考えている、その現れなのだと思いたかった」のである。

「私」は非常に子どもっぽく見える。それは、彼の科学的・合理的な思考法（その代表が、再開した「走ること」＝合理的な陸上のトレイニングだ）が、彼を確実に正解に導いてくれるという、信念のせいだ。歯科医としての成功も、幸せな家庭も、そうした信念の下に行動し、手に入れたのだろう。

しかし、現実では、合理的な思考は常になんらかの事態に裏切られ、スンナリ事は運ばない。そんなことは、読者のみなさんが一番よくご存じだろう。それでも、合理的に考え行動しようとする。そうしなければ、もっとひどい事態に陥るからだ。大人の合理的な思考・行動というのは、そのようにして鍛えられたもののはずである。

この「私」は、これからも相当に、苦労しそうな気配である。

（94年6月号）

素晴らしい奥さんじゃないですか

村上春樹「パン屋再襲撃」

『パン屋再襲撃』／村上春樹／文春文庫／１９８９年

今回は新刊ではないが、かねがね気になっていた恋愛小説について書く。

村上春樹は、『ノルウェイの森』という長い小説が、とんでもないベストセラーになったため、長い恋愛小説を書く作家みたいな見られ方をしているように思う。しかし、この人は、短篇小説が滅法巧く面白い。この人から恋愛小説をひとつ選ぶなら、私は『パン屋再襲撃』という短篇になる。この奇妙な短篇を、恋愛小説だと言っている人とは、いまだに出会ったことがない。しかし、これは私にとって、立派な〈夫婦の愛情に関するお話〉なのである。同名の短篇集に、表題作として、巻頭に入っているものだ。

深夜、新婚早々の「僕」と妻は、とてつもない空腹に襲われる。あいにく家には食べるものがない。眠る気になれず、何度も冷蔵庫を覗いているうちに、かつての出来事を思い出す。

「僕」が以前貧乏だったころ、やはり空腹に襲われて、当時の相棒とパン屋を襲い、パンを強奪することを企てたのだ。それは、強奪するのでなければならない、という強固な思い込みに支配された行動だったのだが、あえなく失敗に終わる。襲ったパン屋が、ワグナーを最後まで聴きとおしてくれたら、パンを好きなだけやると言い、「僕」たちは、襲撃・強奪ではなく、ワグナーをじっと聴くことでパンを得たのだ。

要約では分かりにくいかもしれないが、ここまでは、村上春樹流に書かれた、かつての荒々しい体験の挫折（と、その結果、お行儀よくワグナーを聴けば、食べるものがもらえる、と知ったこと）だ。この小説がグングン面白くなるのは、ここから先なのである。

この話を聞いた「僕」の妻は、即座に言う。

「もう一度パン屋を襲うのよ。それも今すぐにね」

素晴らしい奥さんじゃないですか。

かつて中途半端なまま成しえずに終わり、それが現在も心の隅に影を落としている、ある事柄。それについて、じゃあもう一度一緒にやり直しましょう、と言ってくれるパートナーが、どれほど貴重か。そして、そんな心の動きと行動を、恋愛と呼ばずして何と呼ぶというのか？

小説は、この後、武装した二人が夜の街に出て、パン屋を探し……という顚末があり、見事な余韻をもって終わる。読者の楽しみを奪うから、詳しくは書かないが、どこかタガがはずれてユーモラスな、ドジとも言える、この強奪行為は、まさに愛する者の愚行なのである。

（94年7月号）

この原稿を書いたときは、未読だったのだが、そもそも「パン屋襲撃」という短篇があり、かつての相棒とワーグナーを聴くに到る顚末は、そこで描かれている。二〇一三年に、この二本の短篇にドイツ人イラストレイターが豊富に絵を添えた絵本の日本語版が出て、そこでは「パン屋を襲う」「再びパン屋を襲う」と改題され（書名は『パン屋を襲う』）、中身も手を加えられていた。この版については、雑誌フリースタイル第二十三号のコラムONE TWO THREEに書いたので、その部分を以下につけ加えることにする。

多崎つくるよりも、パン屋を襲う二本立てが絵本になって改稿改題されたことに、触手が動く。名画座で正続二本立てを上映することを考えてもらうとして（たとえば「エイリアン」と「エイリアン2」）、正編続編の順に上映すると、たいがいは正編の方が良く出来ているから、尻すぼみになる。その点、この組み合わせは、「パン屋襲撃」改題「パン屋を襲う」が前座然として「パン屋再襲撃」改題「再びパン屋を襲う」にトリの貫録がある。改稿で興味深いのは、ソニーの看板だ。年月を経て増した、ベータハイファイの夢の跡感が、ブルーレイでも起こるかが、今後の楽しみ。そして、そういう時制の小説だったことに、改めて気づかされたことが収穫かな。「再びパン屋を襲う」（題名は改悪じゃない？）は、村上春樹の代表作のひとつであるのみならず、現代日本屈指の短編小説と信じる。

これで貴女がなぐさめられるなら

青野聡『風の交遊録』

『風の交遊録』／青野聡／講談社／1994年

青野聡の『風の交遊録』は、四十歳前後の離婚歴のある女と、定職につかず、自分の気持ちや感じ方に正直な年下の男の恋愛を描いている。一見、男女ともに、こういう生き方が出来ればいいなと思い、かつ、それが、まったくのおとぎ話ではなく、実際に手の届きそうな生き方である。そういう意味で、説得力のある設定だ。少なくとも、そのメンタリティにおいて、この二人は、現在の日本人がそうありたいと望む最大公約数のひとつだろう。

女――八重は、国際結婚に失敗し、いまはサンフランシスコで、日本人の単身赴任者と愛人関係にある。男の側からすれば、体のいい現地妻で、その関係も終わりに近づいている。裕福な家庭に育ち、日米の大学を出て、そのまま知的な（しかし、おそらく半端な）職業についた。ところが、暮らしに直結したことが、からきしダメで、生活力に乏しい。

男――民雄は、大学卒業後入った証券会社をすぐに辞め、それ以後は、時給のいいバイトで金をためては、「ある課題を一つ決めて、そのことに熱中する」という生活をおくっている。課題というのは、語学だったり、映画だったり、ボランティアだったりする。料理から家事全般なんでもこなす。

小説は、二つのパートに分かれていて、一方は「水の底」と題する、二人の出会いから恋愛にすすむ過程を、ごくまともに描いていく。もう一方は、「彼女のためのストーリー」といい、八重が青野という作家と電話で話しているという体裁。ここで、「水の底」では描けない、八重の過去や八重という女の一面を、浮かび上がらせる。

この八重という女性は、自分の陶酔を「あたしのことは、すべてお任せします」と表現するが、その通り、八重は、他人の決めた価値判断の中でのみ生きてきた人だ。したがって、突然、自分が野菜炒めひとつ作れないことを知ると、ショックを受ける。家事の訓練なしに、家事が出来ないのは、当たり前のことなのだが、その判断が働かない。実家に男から電話がかかってきたことでトラブルになると、いいトシして、父親から信用されていないと、高校生のようにグチるのである。

おまけに、そんな八重をなぐさめるかのように、小説家・青野が描いてみせる、〈かつての八重〉のストーリーが、陳腐を絵に描いたようなものだ。この程度でなぐさめられるのなら、チョロいもんだ。八重という女の素描は、青野聡が、素知らぬ顔してさしだした、毒入り料理。女の人には苦い小説だ。

（94年8月号）

こわくて悲しい愛のない恋愛小説

東野圭吾『むかし僕が死んだ家』

『むかし僕が死んだ家』／東野圭吾／講談社文庫／1995年

『むかし僕が死んだ家』は、こわくて悲しい、愛のない恋愛小説である。

東野圭吾は、江戸川乱歩賞で世に出た、推理小説作家である。本書も、謎を追い詰めていくサスペンスが魅力的で、立派なミステリだ。今年のベストテンに顔を出しても、おかしくはない。しかし、同時に、ここに出てくる、人を愛せない人々、愛するということを知らない人々の姿は、悲しい恋愛小説としても胸をうつ。

主人公の「私」は、かつてつき合っていた、高校時代の同級生の女性から、頼みごとをされる。一年ほど前に亡くなった彼女の父親の生前の行動に、不審なものがある。長野県のある場所に、彼女に内緒で、定期的に通っていたらしいのだ。彼女はその場所へ行くことを思い立ち、主人公に同行を頼む。

地図を頼りに行くと、そこには廃屋となった家がある。そして、彼女がかつてそこにいた記憶が、よみがえる。さらに、その家に残された日記から、ある男の子が、そこで死んだことが明らかになる。だが、彼女や彼女の父親と、その男の子との関係が分からない。ふたりは、その家に保存された、男の子の家庭の品々から、過去のある事件に辿り着いていくが……。

この小説のキイ・ポイントのひとつは、彼女が幼いころの記憶を持っていないということだ。あまりにも幼いころから、記憶が欠落している状態が続いていたため、彼女自身、それが異常なことと感じていない。さらに、結婚して、つくった娘を、虐待していることが、彼女の口から語られる。

全編を通じて、登場するのは、このふたりだけだ。ふたりは、その家で一夜をすごすことになる。しかし、そこで、いわゆる恋愛が生じるわけではない。なぜなら、彼女も彼も愛されずに育ち、愛することが分からないままに育っているからだ。小説は、過去のある事件が明らかになって終わる。そのことで、このふたりの男女の生い立ちと、高校時代互いにひかれ合い、そして、別れなければならなかった理由も、納得させられる。

普通、ヒロインと、彼女の人生最大の秘密に立ち会うヒーローは、愛し合うものだ。だが、そのふたりが愛を知らない時、どうなるか。ふたりして過去の事実に立ち向かったという事実をもってしても、愛には到らない。しかも、彼も彼女も、異常な人間として描かれているのではない。

この小説がこわくて、とても悲しいのは、そのせいなのである。

（94年9・10月合併号）

愛は所有か盲目か？

篠田節子『愛逢い月』

『愛逢い月』／篠田節子／集英社文庫／1997年

愛は所有か？

篠田節子の最新の短篇集『愛逢い月』を読んでいると、そんなことを考えさせられる。篠田節子という作家は、恋愛小説ばかり書いている人ではない。どちらかというと、そういう枠には、納まらない人だ。だが、本書はひねった恋愛小説という趣の作品が多い。

冒険家としての自分に忙しく、妻を顧みなかった夫が、事故を機に、看護と称して二十四時間を所有される「柔らかい手」。死の近づいた妻のために、編集者という職を擲って、自分の時間を妻に捧げた夫と、それまで、編集者として、多くの彼の時間を捧げられていた女流作家の関係を扱った「コンセプション」。「彼の日常を自分のものにしたかった」のだとヒロインが気づく「ピジョンブロッド」。愛することが、これらの作品では、どれだけ相手を自分に縛りつけられるかが、愛情を量るバロメーターとなっている。

そんな中で、さらに、もう少し手触りの異なる小説がある。「内助」という、本書中一番の佳作である。

学生時代は文武両道に長け、弁護士をめざす俊才に、あこがれて妻になった女性がいる。司法試験に受かるまで、金銭的にも彼女が支え、夫の成功が私の成功と信じて疑わない。しかし、三十歳目前、ついに夫が司法試験をリタイアし、かつての同級生の弁護士事務所の、事務員となる。それでも彼女は、一家の主人は夫であり、薄給ではあっても、あくまで、彼の稼ぎで暮らすものと考えていた。ところが、夫は自分の仕事をパート程度にしか考えず、あろうことか、残業で帰りが遅い彼女にかわって、炊事なんぞ始めてしまう。確かに料理は上手なのだが、調味料を揃えたいからと、彼女にお金をねだる。その「金くれる?」という言葉に、彼女の失望は頂点に達する。怒りを爆発させた彼女は、夫に「あんたなんかいらない」と言い放ってしまう。

この小説、表の看板は〈夫を社会というレースにおける競走馬のように考えることを、愛情と錯覚した女の話〉というものだ。ここでも、愛することは所有することだ。しかし同時に、もうひとつ、裏側の隠し味として大きいのが、〈司法試験を突破するという目標に目隠しされて、料理という夫の才能に気づくことのなかった女の話〉という側面だ。そのおかげで、制度的な価値観のために盲目となった愛情の例が、鮮やかなまでに具体的に描かれることとなった。絶品である。

(94年11月号)

ノンフィクションのようなスタイルで

連城三紀彦『花塵』

『花塵』／連城三紀彦／講談社文庫／１９９７年

連城三紀彦は、現在、日本でもっともスリリングな恋愛小説を書ける人だ。長編、短篇を問わず、安定して力を発揮している。そして、全部ではないにしても、その中にかなりの恋愛小説が含まれる。それも、絶対に平凡な手では来ない。出身がミステリだけに、多くの場合、巧緻な仕掛けを組んでくる。

それにしても、今回の『花塵』は凄い。ここ数年の連城三紀彦の小説中でも、最高の出来ではないか。内容的に厚みのある小説である。

作家である「私」は、Nという年上の同業者から、生前は文豪と呼ばれたNの父親の、遺稿を読まされる。それは、男がゆきずりの関係を持った女から、半年後に子どもが出来たと言われ、金を取られるという内容だった。Nが言うには、これは、Nの父親に実際に起きたことで、その女も、秋原柊平という著名な画家の母親にあたる女だと、分かっている。小説では、子どもの行方は明らかになっていないのだが、Nは、その子どもが秋原柊平か、または自分ではないかと疑問を持つ。「私」は、Nから資料を譲り受け、その女・笙子のことを小説に書き始める。

小説のメインは、この笙子という女の一生だ。十八の歳で、仙台から、機関士の男に嫁ぎに上京するが、すぐにカフェの女給になる。夫も家も顧みず、嘘をつき、複数の画家と関係を持ち、自分でも絵筆をとった。やがて、関東大震災の日、柊平を産む。

笙子は自分の生きたいように生き、他人のことには、無慈悲なまでに頓着しない。彼女は「自分の人生の祭りを華やかに盛りあげてくれる生贄をしか愛せなかった」と語られる。笙子の強烈な我に対して、彼女と関係を持つ男は、みな弱く不幸で人生をあきらめた男であり、あるいは、そういう男にさせられていく。それは彼女の息子でさえ例外ではない。

全体を、あたかも評伝かノンフィクションかのように、資料で調べたような書き方にしているのも、効果をあげている。それは、たとえば後半で、それまでの構図を、根底からひっくり返すような、大ドンデン返し（それだけでもひとつ小説が書けるだろう）の可能性を示しながら、それは事実ではない、と言ってのける贅沢な部分に、現われている。ヒロインの個性。巧みな語り口。ヒロインの嘘によって翻弄され、錯綜する人間関係。そうしたものが重なりあって、この小説の厚みを形作っている。文句なしの傑作である。

（94年12月号）

物語ることに仮託した閃光の人生

北村薫『水に眠る』

『水に眠る』／北村薫／文春文庫／1997年

このコーナーは、一応〈今月の恋愛小説〉だから、名前をあげるだけにしておくが、内田春菊の『目を閉じて抱いて』が面白い。雑誌フィールヤングに連載中で、コミックスは第一巻が出ている。花房というニューハーフに、ある男が魅了され、関係を持ち、それを知った男のフィアンセが、花房に抗議に行くと、ミイラ取りがミイラになって……というのが導入部。未知のセックスに手探りで進んでいく感覚がヴィヴィッドだ。

さて、今月の小説は、北村薫の短篇集『水に眠る』だ。北村薫は、ミステリの連作短篇集で世に出た人である。この人のユニークだったところは、次の二点だ。

(1) 必ずしも、犯罪(それは殺人に代表される)を描かなくても、なにげない小さな謎を巧妙に提出することで、謎解きミステリを書いた。

(2) ナレーターである女の子と、彼女の周囲の若い女性たちの、キャラクターや言葉づかい、発想、態度を見事なまでに描いた。

そういう人だから、ミステリ以外のものも書けるだろうという予想は、簡単についた。事実、この『水に眠る』は、ミステリの短篇集とは言えないだろう。そして、中には恋愛小説として非常にシャープなものが、いくつか含まれている。巻頭作からして、「恋愛小説」という題名なのだが、今回、とりわけ推奨したいのは「ものがたり」という一編だ。恋愛小説としてはもちろん、この短篇集の中でも、ピカイチなのである。

テレビのディレクターをしている男の家に、妻の妹が、大学受験のため田舎から出てきて、泊まっている。忙しさにかまけて、義妹とは顔を合わせないようにしていたらしいのだが、最後の日の朝食のテーブルで一緒になる。ややぎこちない会話の後、義妹は、彼に、考えている時代劇のストーリイがあると言って、それを話し始める。
〈短篇小説は閃光の人生〉というのは、かつて各務三郎が作ったコピーだったか。登場人物のあいだで、とりとめもなく話される時代劇の筋書きに、強い恋愛感情を託し、それが表面に現れる一瞬の閃光（とアイマイにしか書けないのはつらいが）。この居合抜きのような斬れ味こそ、短篇小説の醍醐味だ。もう一編、ある些細な行為に、強い感情を潜ませた「植物採集」ともども、短篇恋愛小説の逸品として推薦したい。

（95年1月号）

北村薫の円紫師匠シリーズが真にユニークだったのは、本稿で指摘した二点ではなく、ワトソン役に読者を感情移入させたことだと、いまでは考えている。

恋の真実が埋もれてしまう

志賀直哉「赤西蠣太」

『小僧の神様　城の崎にて』／志賀直哉／新潮文庫改版／2005年

以前、村上春樹の『パン屋再襲撃』を、このコーナーで取り上げたことがある。名づけて〈これも恋愛小説だ〉シリーズ。第二弾といきたい。

志賀直哉は言うまでもなく、短篇小説の名手である――らしい。本当のことを言うと、あまり好きな作家ではないし、そんなに読んでもいないのだが、それでも、唸った短篇がいくつかある。「出来事」という短篇は、国語の授業で読まされた小説の中で唯一面白かったという記憶がある。

『赤西蠣太』もそんな面白い小説のひとつ。伊達騒動にまつわる講談から題材をとったことは、志賀直哉自身が書いている。

赤西蠣太という伊達兵部の醜男の家来がいる。実はこの男、伊達藩を内偵する間者である。

藩の内情もあらかた調べ終え、さりげなく夜逃げをしたい。とはいえ、理由もなく消えれば、相手は切れ者の原田甲斐だけに、怪しまれる。そこで不面目をしでかし、いたたまれなくなって、という絵を描く。

小江《さざえ》という美しい腰元がいる。赤西が、これに附文（ラブレターですな）をする。小江と赤西では美女と野獣、これは肘鉄に決まっているから、面目をなくした赤西は、消えてしまって怪しまれるところがない――はずなのだが、小江に艶書は渡したものの、人に知られる気配がない。赤西はダメ押しに、もう一度書いて、今度は廊下に落としておく。第三者に拾わせる魂胆である。

このあたりで、読者には、小江の気持ちが分かる仕組みになっている。一方、附文を書くために悪戦苦闘する赤西の描写から、それと一言も書かずに、赤西が無意識のうちに、小江に好意を寄せていたことも分かる。

二通目を廊下に落としたのと入れ違いに、赤西は小江から返事を手渡される（この手順はロマンティック・コメディの定跡だ）。大変なことをしてしまったと、眠れぬ夜を迎えることになる。そして「彼の頭は再び彼の侍としての役目へ返って行」き、そうすることで、やっと

「淋しいままに暫くすると眠って了った」のである。

つまり、恋にもだえ苦しむくらいなら、役目に専心する方が、ずっと楽なのだ。しかも、作戦は的中し、赤西はもの笑いの種である。醜男がフラれた話として他人をあざむき、何事か子細ある（と気づいて、小江は誰にも本心をうちあけない）手紙として小江をあざむき、役目のための方便として自らをあざむく。真実の恋に対する三重の糊塗である。

乾いた明るい筆致にだまされるべからず。役目のための偽りという事実の中に、真実の恋が埋もれてしまう。これは立派な悲恋噺なのである。


（95年2月号）

東宮妃となるためのモラトリアム

田辺聖子『王朝懶夢譚』

『王朝懶夢譚』／田辺聖子／文春文庫／1998年

田辺聖子の『王朝懶夢譚』は、小技の部分に見るべきものがある。

平安時代。内大臣の娘である月冴《つきさえ》は、東宮妃となる定めだが、夫となるはずの東宮（次の天皇ですな）が、入内直前に死んでしまう。代わって立った東宮は、いまだ幼少のため、月冴は、改めて東宮妃たるべく、十年待つことになる。政略結婚だから、とにかく東宮妃になることが求められるのだ。それはさておき、つまり、彼女には、十年のモラトリアムが出来たのである。

小説は、ふとしたことから、彼女のもとに、天狗の外道丸が現われることから始まる。さらに、外道丸を通じて、妖怪変化の類が彼女の周りに集まり、彼らの力を借りて、夢のような体験をする。そして、そんな中で、東国の武士である晴季《はるとき》と知り合う。

という紹介の仕方は、題名の『王朝懶夢譚』には相応だが、それでは、この小説の大切な部分が、そっくり半分抜け落ちる。モラトリアムという言葉は伊達ではない。王朝を舞台に、当時の史実を踏まえつつ、しかし、月冴や外道丸は、現代人そのままなのである。

それは、ひとつには、以下のような言葉が、平然と小説の会話中で使われることでも分かる。すなわち――クイズ、オムレツ、「朝日新聞」の「ひと」欄、テレビ・ゲーム、情報量、五月病、拒食症、ノー・プロブレム。

十年後の結婚まで、なんとなく生きている月冴は、もちろん、現代の若い女性だ。彼女が頼りにする外道丸は、便利重宝な力の持ち主だが、人の生死や感情に決定的に疎い。これは、情報社会の便利重宝さと瓜ふたつだ。そして、小説には、月冴の家族はほとんど登場しない。こうした、登場人物の配置は、さきほどの言葉の問題以上に、この小説が現代を意識したものであることを示している。

ただし、この小説で、月冴は東国の武士晴季と出会う。現代で、そのありようが見えにくいのは、この東国の武士だろう。だから、退屈な生活が、夢のように幸福な恋愛をゴールにするのが、いかにも、おとぎばなしのハッピーエンドに見える。それが許されるのは、王朝の懶夢譚だからだ。

そうではないゴールはないのか？

その疑問を持った者は、やはり平安朝を舞台にして、現代的な感覚の女の子を主人公にした、ある小説に目を向けねばならない。氷室冴子の『なんて素敵にジャパネスク』である。これについては次回で触れる。

（95年3・4月合併号）

アクティヴな女の子とコンサヴァティヴな男の子

氷室冴子『なんて素敵にジャパネスク』シリーズ

『なんて素敵にジャパネスク』シリーズ新装版／氷室冴子／集英社文庫／１９９９年

田辺聖子の『王朝懶夢譚』が、平安朝を時代にとりながら、現代女性の在りようを映していることを、前回書いた。そして、ヒロインが結ばれる東国の武士が、現代では見えにくく、そのため、おとぎばなしになっていると指摘した。ここで、東国の武士とは外国人ではないか、という読み筋もあるのだが、やや、しっくりこないと思う。

このことは、案外たいへんなことなのである。なぜなら、ヒロインの恋愛の相手が、現実的には存在しないまま、おとぎばなしのような東国の武士を待つしかない、という結論だからだ。

そうではないゴールはないのか？

その疑問を持った者は、やはり平安朝を舞台にして、現代的な感覚の女の子を主人公にした、ある小説に目を向けねばならない。氷室冴子の『なんて素敵にジャパネスク』である。

『なんて素敵にジャパネスク』は、シリーズで八巻、それが大きくは二部に分かれ、その間を正・続二編の『ジャパネスク・アンコール！』が橋渡ししているから、合計十巻となる。基本的には主人公である瑠璃姫の一人称なのだが、『正・続アンコール！』は、周囲の人物たちを含む何人かの登場人物の一人称の連作になっている。

やはり内大臣の娘である瑠璃姫は、積極的な性格の子で、一方、筒井筒の仲の高彬は、根回し上手で大人びた公家だ。高彬は、東国の武士などという、ロマンティックな存在ではない。現実的な男の子だ。ロマンティックなのは、むしろ瑠璃姫の方で、さらに、瑠璃姫と精神的に近いのは、唯恵《ゆいけい》や帥《そち》の宮といった、敵役の男たちだ。瑠璃姫と高彬の関係を図式的に言ってしまえば、言いたいことを言わないと損をする女の子と、言いたいことを言うと損をする男の子、となる。それは、現代の日本の特徴的な関係だ。そんな中で、女の子と男の子が、いかにすれば仲よくなれるのか、ともに冒険に乗り出せるのか。

恋愛小説としての『なんて素敵にジャパネスク』が示すところは、その点につきる。しかし同時に、『なんて素敵にジャパネスク』は、恋愛小説としてだけで括ることはできない。アクティヴな女の子とコンサヴァティヴな男の子が、二人で何かに立ち向かうという、恋愛小説としてのモチーフが、伝奇小説顔負けの、波瀾万丈の陰謀物語の中で、その物語と不可分に描かれているからだ。この小説は、物理的に長いばかりではなく、そうした小説としての大きさを持っているのである。

（95年5月号）

悪い人が出て来ない

村上由佳『野生の風』

『野生の風』／村上由佳／集英社文庫／1998年

村上由佳の『野生の風』は、これ以上はないというくらい、典型的な娯楽恋愛小説である。その範囲内で、それなりに達者に——つまり、小説すばる新人賞を受賞して、これが三作目だか四作目だかであり、そのわりにはという意味で——書かれている。おまけに、昨今の日本の小説に、よく見受けられるアイテムまで、そつなく盛り込んでいて、これぞ流行小説の王道といったところだろうか。

おもな登場人物は三人。美大をドロップアウトして、草木染めの世界にのめり込み、いまや、それで名を成した染色作家・多岐川飛鳥がヒロインだ。アフリカで動物の写真を撮っている、中年の写真家・藤代一馬と、東西をへだてる壁が崩された夜のベルリンで知り合う。ふたりは、ほとんど電撃的に、一目惚れの状態となる。飛鳥の高校時代の同級生で、いまは出版社で書籍の編集の仕事をしている柴田祥子は、一馬の写真集を作っている。彼女は、一馬に好意を寄せている。一馬には、お腹の赤ちゃんもろとも、奥さんを事故で亡くしたという過去がある。もうひとり、一馬の義弟の浩司という人物も出てくるが、話の骨子は、この三人の男女の関係にある。

理想的なカップルが、初対面での衝撃的な出会いを、いまひとつ信じられないまま別れ、そして再会し、互いの気持ちを確認する物語。一大パターンである。ストーリイには大きな動きもなければ、とくに目立った工夫もない。そのぶん、アフリカでの動物たちとの出会い（そこから派生して生命との出会い）や、良心的で才能溢れる芸術家と、男社会で突っ張っているがゆえに、少々アクが強くても、読者に許してもらえるキャリアウーマンふう編集者といった、今様な風俗で、サーヴィスしようという魂胆であるようだ。

日本の、とくに最近の日本の、こういう娯楽恋愛小説に特徴的なのは、正面きって悪い人間が出て来ないことだ。しかし、良い人間ばかりでは面白い小説にならないだろう、とおっしゃる貴方は頭がいい。そのアナを埋めるために、〈よく考えると無責任な人間〉というのが登場するのである。この「よく考えると」というのが大切で、一目無責任な人間は、悪い人間と同じく、読者から愛想をつかされると、考えている人が多いようだ。つまり、無責任ではあるが、それを騙し騙し、オブラートでくるんで、きれいに言ってあげるのである。（95年6月号）

ひねった恋愛小説の傑作

アーウィン・ショー「夏服を着た女たち」

『夏服を着た女たち』／アーウィン・ショー 常盤新平訳／講談社文庫新装版／２００４年

このコーナーを受け持って一年を超えるけれど、これまでは、日本の小説ばかりを取り上げてきた。べつに、そういう方針をたてていたわけではないのだが、成り行きで、そうなっていた。ここらで、翻訳小説も取り上げてみたい。

アーウィン・ショーの「夏服を着た女たち」は、本好きの間では、すでに名の知れた好短篇だ。ショーの短篇は、都会小説と呼ばれることが多く、また、それは間違いではないのだろうが、こと「夏服を着た女たち」に関して言えば、ひねった恋愛小説の傑作でもある。もっとも、都会小説という呼び名は、アーウィン・ショーとデイモン・ラニアン（野郎ども女たち）が同居する世界だから、その中身はかなり幅が広いと考えていい。

四百字詰め原稿用紙にして、三十枚に欠ける長さの「夏服を着た女たち」は、マイクルとフランセスという夫婦が、日曜の午前のニューヨークを歩いているところから始まる。そこで、マイクルは、通りかかった若い女に視線を奪われる。フランセスは、素早く彼の視線に気づく。けれど、せっかくの日曜日だからと、その日を素敵なものにするためのプラン（フットボールの試合を見て、ワインにステーキ、そして映画）をたてようとするが、そこで、またマイクルの視線が、よその女に吸いよせられる。

マイクルはオハイオ出身で、都会の様々な種類の女が、様々な種類の魅力を溢れさせるのに、つい目をやってしまう。この感覚は、男なら誰しも心当たりがあるだろうし、女性にだって思い当たるフシがあっても不思議ではない。しかし、自分のかたわらで、ヨソの異性に視線を奪われるようなツレアイを持つ方にすれば、これは悲しいことだ。フランアセスはマイクルを追及し、追及され、それに答えることで、結果的にマイクルはフランセスを追いつめていくことになる。

ただし、この話が、どろどろした夫婦喧嘩のスケッチに終わらず、上品な都会小説になったのは、その結末のおかげだ。

もとより、マイクルに悪意はなく、フランセスを愛していることははっきり書かれているのだが、そのことを、もっとも明白かつ効果的に、ラストで描いてみせた。この文章の最初で、「ひねった恋愛小説」という言葉を使ったけれど、より正しくは、これこそが、ソフィスティケイションというものであろう。

（95年7月号）

アメリカ版典型的娯楽恋愛小説

ベルヴァ・ブレイン『愛はためらい』

『愛はためらい』／ベルヴァ・ブレイン羽田詩津子訳／新潮文庫／1995年

以前、村上由佳の『野生の風』を取り上げた時に、典型的な娯楽恋愛小説と書いたが、今回の『愛はためらい』は、そのアメリカ版である。

三十六歳、恵まれない女性のための仕事が多い、女性弁護士ジェニーは、同業者のジェイとの結婚を控え、幸福の絶頂にいる。ジェイは先妻を亡くし、彼女との子どももいるが、子どもたちもジェイの両親も、ジェニーのことを気にいっている。おりしも、ジェイの両親の住む沼湖地帯では、リゾート開発の話が持ち上がっていて、環境問題に関心を寄せるジェイの両親たちの側に立って、ジェニーは活躍する。

一方、彼女が学生だった十九年前に産んで、育てることが出来ないまま、顔も見ずに里子に出したはずの娘が、彼女のことをつきとめ、会いたいと連絡をとってくる。自分の結婚が壊れることを恐れたジェニーは、反射的に激しく拒絶し、しかも、ジェイにはその話をする機会を逸してしまう。

以下、ジェニーの生い立ちと学生時代(同じユダヤ人ながら、大金持ちで保守的なピーターの家族になじめず、子どもが出来ても、結婚ということにならない)、ジェニーが里子に出したジルの生い立ちが、ゆったりと描かれる。このあたりの、主要登場人物の過去は、たっぷりページを取ることで、手厚いところを見せ、面白い。

ジェニーがジルを拒むのが、エキセントリックに過ぎるように感じないでもない。だが、好人物そのものに描かれるジェイの両親も、「リベラル、上品。だが、誤解しないことだ、一見、愛想はよくても、その下には頑固な規範が隠れている」と書かれれば、そういうものかもと思わせる。

この小説は、ジェニーの隠し子のプロットとジェイの両親が住む沼湖地帯の開発問題のプロットと、大筋がふたつあり、それが結びつくのは、構造上からも必然的だ。問題は、そこの手際が、はなはだ悪いことだ。例えば、開発業者側が、隠し子問題でジェニーを攻撃するのが遅いし、そのことが、彼女への脅威にならないのもつまらない。つまり、ヒロインが窮地に陥ることがないのである。

ハッピーエンドに落ち着けるため、主人公の困難を気の抜けたものにするのは、単なる手抜きでしかない。それは冒険小説の主人公とその困難を考えれば、すぐにお分かりと思うが、恋愛小説でも、コトは同じなのだ。

（95年8月号）

ふたりきりの感触
レイ・ファラデイ・ネルスン『ブレイクの飛翔』

『ブレイクの飛翔』／レイ・ファラデイ・ネルスン矢野徹訳／ハヤカワSF文庫／1995年

現代において、恋愛小説が成立しにくいのは、ひとつには、男と女がふたりきりになりにくいからだ。小説が書かれ読まれるような社会では、当然、交通や通信の手段がいきわたっている。コミュニケーションの総量も膨大だ。だから、ふたりだけの関係が密になる、という状態が出来にくい。

以前、ケン・グリムウッドの『リプレイ』という小説を読んだ時に、その点で感心した。死にそうになると、タイムスリップをくり返し、何度も何度も別の人生を歩むという設定もさることながら、そんな人間がカップルで存在しているという点でポイントを稼いだ。これは言い方を変えれば、時間テーマSFのパターンに、恋愛小説の衣装を着せることで、娯楽読物にしたのだ。

レイ・ファラデイ・ネルスンの『ブレイクの飛翔』も、表向きは時間テーマのSFだが、作者が書きたかったのは、時間旅行者がウィリアム・ブレイクとその妻のケイトだったというアイデアだろう。また、実際、その部分に一番力が入っている。ブレイクは、十八世紀イギリスの詩人・版画家で、幻想的な作品が多い。トマス・ハリスの『レッド・ドラゴン』の読者なら、ブレイクの作品が、犯人に大きな精神的影響を与えていたことを、覚えているかもしれない。

時の流れを超え、様々な時代を行き来しながら生きている。ゾアという人々がいる。その中のひとり、ユリズンは理想の社会を作るため、過去のある地点から、歴史のやり直しをさせようとする。故意の歴史改変だ。一方、十八世紀のイギリスで、ブレイクは、時間旅行の術を身につけ、その力をコントロール出来るようになる。妻のケイトは無学な女性だが、ブレイクを深く愛するため、ブレイクに彼の知のすべてを教えてほしいと頼む。

この小説で、結局、もっとも面白かったのは、ケイトが愛するブレイクの持つ技術・知識・感覚を、貪欲に吸収していくくだりだ。しかも、ブレイクは、時間旅行の能力を失いたくない一心から、ケイトの身体に触れようとしないのだ。後半、ユリズンの時間改変の陰謀に巻き込まれてからは、舞台は〈時間の流れの外〉に移る。そして、もちろん、そんな場所にいる人間は、ブレイクとケイトのふたりきりなのである。時間や文明についてのネルスンの認識は平凡なので、SFとしては並みなのだろうが、この、ふたりきりの感触というは、いまどき、なかなか珍しいのである。

（95年9・10月合併号）

「自立せずに済む」という平凡な事実を描くこと

和泉ひろみ『あなたへの贈り物』

『あなたへの贈り物』／和泉ひろみ／新潮社／1995年

〈今月の恋愛小説〉に、こんなことを書くのもナンだが、恋愛なんてもはや成立しないのではないか。というのも、このところ、斉藤学『「家族」という名の孤独』、ギー・コルノー『男になれない息子たち』、奥野修司『ねじれた絆』といった、評論・ノンフィクションを、まとめて読んだからだ。根本の部分で、これらの本に共通するのは、親が子に注ぐ愛情の重要性であり、そのことが、子どもの自己愛、自己肯定に与える影響だ。当然ながら、それが子どもの恋愛に、影を落とさぬはずがない。これらの本に登場するのは、なんらかの形で「問題」のある親の例が多い。しかも、その「問題」というのが、いわゆる親の異常性のゆえではなく、原因と見られるその親心と同じ心の傾きは、一般的にどこの親にでも見られる類のものなのだ。

そうした親の心の傾きが一般的である社会に生きる子どもたちの間に、恋愛は成立するのだろうかと、心配にもなろうというものだ。

和泉ひろみ『あなたへの贈り物』は、第一回小説新潮新人賞受作とある。巻末に選評が付いていて、それを読んでも、手放しの好評はない。雑な部分もあり、とくに、会話での長い台詞の不自然さに閉口したが、題材には可能性があったと思う。

女医の涼は、大学時代のサークルの先輩と結婚し、病院勤めをしながら、赤ん坊の圭一を育てている。優等生で育った彼女は、事実、あらゆる処理能力にすぐれているが、それでも、育児と医者の両立は、どだいひとりの人間のキャパシティを超えている。理解ある夫（いまどき、おなじみのアレだ）だった由紀夫も、最近では、家事が雑になったと詰り、嫁が仕事を持つこと自体に眉を顰めていた姑は、ここぞとばかり、呆れてみせる。

この小説の要は、由紀夫の愛人騒ぎの前と後での、涼の心境の変化だろう。ところが、どう考えても分からないのは、涼と由紀夫が恋愛をしたという事実である。愛人騒ぎを境に、涼は自分に忠実に生きようと思ったのだろう。しかし、もっとも分かりづらく厄介なのは、それを決意する以前の涼が、由紀夫を好きになり結婚をしたという、そのことだ。自立するということは、確かにある意味で難しい。しかし、自立せずに済む（結婚だって出来る！）という平凡な事実は、手垢にまみれた自立信仰よりも、はるかに描きにくく、また描かれてきていない。この足下を見つめることが出来ていたら、この小説はおそらく成功していただろう。

（95年11月号）

愛することと憎むことを取り戻した男

グレアム・グリーン『拳銃売ります』

『拳銃売ります』／グレアム・グリーン加島祥造訳／早川書房グレアム・グリーン全集5／1980年

『拳銃売ります』は一九三六年の刊行で、グリーンの作品としては、初期のエンタテインメントということになっている。確かに、大通俗な設定・筋立てで、娯楽のための物語、ここに極まれり、という内容なのだが、現代のエンタテインメントと称するフヌケ小説とは、そもそも格が違う。

この小説は、一応、一匹狼の殺し屋レイヴンを主人公とした、スリラーということになっている。実際、小説は彼が大臣を射殺するところから始まり、破滅するまでの顛末だ。しかし、この小説が面白くなったのには、主に次のふたつの点が、大きく寄与していると思う。

ひとつは、大臣の死で一気に戦争に突入するかもしれないという、騒然とした気配が、小説の背後からかたときも消えないことだ。これは、実際に第二次大戦の直前という時代背景もあるが、やはり、グリーンの筆の剛腕ぶりが発揮されていると、考えるべきだろう。もうひとつは、逃亡するレイヴンが、偶然彼と関わり合いになるアンという娘に、好意を持つようになることだ。おまけに、彼女のフィアンセは刑事で、レイヴンを追っている張本人なのである。

レイヴンは兎唇ということにコンプレックスをかかえ、それまでの人生で、人から愛されたこともなく、愛したこともない。Murder didn't mean much to Raven. という文章から、この小説は始まる。簡潔だが、妙に官能的なところのある書き出しだ。レイヴンが人殺しを「平ちゃら」(加島祥造の訳文)と考えたのは、それが、単に新しい仕事であり、「憎いのどうの」ではないからだ。加島祥造の訳は、この「新しい仕事」の new を訳し忘れているが、この罪は見た眼よりはるかに重い。レイヴンが「平ちゃら」と考えた殺しは新しい仕事、つまり、初めての殺しだったのだ。彼の「平ちゃら」は、経験に裏打ちされたものではなかった。むしろ、感情が動く経験に乏しかったためだと、分かっていく。しかし、逃走のうちに、アンへの恋が芽生えたレイヴンは、それまでの彼が慎重に避けていた、他人に心が動くことを、止めることが出来なくなる。そして、その時、「平ちゃら」で殺したはずの大臣の、名前さえ知らなかったこと（知ろうともしなかったこと）に、彼は気づく。

レイヴンはふたり殺している。まず、感情の動きを抑えた大臣殺害があり、アンを知った後の、感情を持った男としての二番目の殺人がある。登場人物のひとりは、その後者の新聞記事を読んで、こうつぶやく。

「何だか変だな、ええ？　今にも戦争が始まるって時にさ、第一面は人殺しの話ばかりだぜ。そいつが戦争を裏面に追いこんじまってるよ」

心の動かない「平ちゃら」な殺人のおかげで引き起こされそうになっている、心の動かない大量虐殺である戦争の危機から、愛憎の果ての小さな殺人が、新聞の一面の座を奪ったのだ。この場面が心に止まった人なら、ひとりの男が、愛することと憎むことを取り戻すプロセスを、大通俗のスリラーの中で描いた、グリーンの腕前に――新聞の一面という二十世紀的な小道具を巧みに用いて描いた、その腕前に――拍手を贈るにちがいない。

（95年12月号）

男と女が歩み寄る足取り

フェイ・ケラーマン『豊饒の地』

『豊饒の地（全二巻）』／フェイ・ケラーマン高橋恭美子訳／創元推理文庫／1995年

『水の戒律』でフェイ・ケラーマンが登場した時に、なるほどと思った。周囲からもヘンな人の集まりと見られている、熱心なユダヤ教徒の住む一角で、レイプ事件が起こる。ロサンゼルス市警フットヒル署のデッカー刑事が、捜査におもむき、事件の重要な証人となる、敬虔なユダヤ教徒の女性リナと出会う。

ミステリとしては中の上。しっかりとは書かれているが、驚くようなところはない。では、どこに感心したかというと、デッカーとリナのラヴストーリイにしてしまったところだ。リナは夫と死別し、子どももいる。デッカーは奥さんとは離別し、これまた年ごろの娘がいる。ところが、敬虔なユダヤ教徒のリナは、婚外交渉などもってのほかだ。おまけに、食べ物をはじめ、日常の生活に戒律が多く、そのひとつひとつを守ることは、デッカーの目には融通のきかない制約と映る。

『水の戒律』『聖と俗と』と続く、フェイ・ケラーマンのデッカーとリナの物語は、一応、デッカー刑事の担当する事件の捜査が、メインプロットになっている。しかし、新鮮で面白いのは、デッカーとリナが互いの生活に歩み寄りを見せながら、ふたりの関係を進展させていくプロセスにあった。

『豊饒の地』は、シリーズの三作目にあたる。今回、デッカーの担当する事件は、迷子になった子どもを端緒に発覚した、一度に四人の惨殺事件だ。他方、デッカーの戦友の片足の男が、売春婦にレイプで告訴され、その男を助けつつも、心のすみに疑惑の残るデッカーは、その戦友をリナに近づけまいとし、そのため、この三人の関係はぎくしゃくする。

上下二巻合わせて六百ページを超えるものの、殺人事件の方をきちんと描いていたら、それだけで、この枚数が必要かもしれない。事件については、あいかわらず、あっさり済ませている。フェイ・ケラーマンの心づもりとしては、デッカーの遭遇する事件を描くことで、アメリカ社会の一端を描こうという気持ちもあるのだろう。しかし、事件に関しては、毎度、もう少し踏み込めばと思わせる。

今回の話では、デッカーのヴェトナム時代の戦友が登場し、デッカーの過去が落とす影と、彼の荒々しい面を描いて、リナの心に動揺をもたらす。このシリーズの面白さは、異なった文化や歴史の下に育った二人の男女が、歩み寄って一緒になる、その足取りだから、この動揺こそが、フェイ・ケラーマンの魅力の本筋だ。（96年1月号）

平凡な生活の中に描かれる純化した息苦しさ

山本文緒『群青の夜の羽毛布』

『群青の夜の羽毛布』／山本文緒／幻冬舎文庫／１９９９年

以前、東野圭吾の『むかし僕が死んだ家』を紹介した時、「こわくて悲しい、愛のない恋愛小説」と書いた。今回取り上げる、山本文緒の『群青の夜の羽毛布』にも、その言葉があてはまる。

主人公の「さとる」という女の子は、大学を中退し、家事に専念している。彼女は、年下の大学生の鉄男と、つき合い始めたばかりだ。ところが、読み進むうちに、さとるは、他人とのコミュニケーションが極端にヘタで、それも、社会生活に支障をきたすほどなので、働かないのではなく、働きに出られないと分かる。しかも、彼女に輪をかけて、彼女の家も奇妙であることが描かれる。

働き手は、学校の先生である母親と、高校を出て勤めに出ている妹のふたり。父親の影はない。母親は非常に厳しい人で、さとるは二十歳すぎても、午後十時の門限を守っている。鳩時計も壁からはずされた彼女の家は、隣近所の物音が聞こえるほど静まりかえり、食事の時も一言も喋らない。

各章冒頭に添えられた、誰のものとも知れない、カウンセリング風景の効果もあって、若いカップルの恋物語が、あれよあれよという間に、奇妙な様相を呈する。そして、ため息の出るほど殺伐とした、愛のない家庭像が浮かびあがる。作中人物は「抱きしめて頭でも撫でてやれっていうの？　それで解決する問題なの？」と叫ぶが、かつて、そうしてやるべきだった、今もそうしないよりは、した方がマシだ、としか言いようがない。人格障害あるいは精神病を、健常者とは別世界の人間としてでなく、平凡な生活の中に描いてみせる。その手腕は、さすがに山本文緒だけのことはある。

山本文緒は、これまで常に、世間のシステムに乗ることで、自立せずにすむ（主として経済的な）安楽さと、そこから生じる荒廃がもたらす閉塞感を描いてきた。これは、日本の場合、おもに女性の問題と考えられる（女はいいような。鉄男はふとそう思った）。『あなたには帰る家がある』には、男もそうなりうるという視点の芽生えがあって、だから、山本文緒の未来へのひとつの指針が、そこにはあった。

一方、『群青の夜の羽毛布』は、彼女の描く閉塞感が、もっとも純化したものだ。この小説は、三人称で書かれているにもかかわらず、文章の呼吸が一人称（「鉄男が電話で頼んでくれいたピザ」傍点引用者）で、その分、小説の彫りが浅くなったきらいがある。それでも、ひとつの区切りになる作品だと思う。

（96年2月号）

平穏な運命の娘が過酷な運命の男に科したもの

皆川博子「十五歳の掟」

『雪女郎』／皆川博子／読売新聞社／1996年

皆川博子は、地味な印象を与える作家だろうが、ナンタラ賞受賞作、カンタラ年間ベスト第一位、てなもんばかりを追いかけていると、こういう作家を読みそこなって、人生をつまらなくする。手始めに読むには、ちょっと長いが、語り口の愉快な伝奇小説『妖櫻記』あたりがいいだろう。幕末の春画描きの世に認められぬ苛立ちと、彼の三人の義妹の姿をメチャ緻密に描いた『みだら英泉』もお奨めだ。ナンタラ賞受賞の肩書がないと、どうしても不安な人は、直木賞をとった『恋紅』も面白い。

このところの皆川博子は、長尺は時代小説一本。短篇は時代小説と幻想小説の二刀流。しかも、幼少時に受けたあるいは与えた傷が、モチーフになることが多い。今回の『雪女郎』は、最新の短篇集である。中に「十五歳の掟」という長めの小説があって、これが結末に到って恋愛小説の容貌を現わす。あとがきには「はじめて書いた時代小説」とあり、作家になる前から温めていた題材らしい。近作に混じって、これだけ初出が一九七九年だ。

「十五歳の掟」は、菓子屋の幼い娘の一人称から始まる。この家には、兄同然に育てられた、二つ年上の男の子万之助がいて、彼女の両親からは、彼の方が実の娘よりも大事に育てられている。娘自身の一人称だから、そんなことは、直接には語られないが、男の子に恋心を抱いているのは、分かる仕組みになっている。万之助が片目を失明するエピソードといったものもあるが、おおむね、平和な子ども時代の描写に終始する。ところがそんなある日、彼女の前から、万之助が突然消えてしまう。

第二部になると、場面はいきなり、遠島船である。万之助は、まだ子どもだが、遠島を申しつけられている。遠島船と島での、酷しい暮らしぶりが描かれるが、その間、万之助はただの一言も喋ろうとしない。そして第三部。赦免された万之助が、戻ってくる。

若書きだし、だいいち、いまの皆川博子ならば、全体にもっと手厚く描いて、長編にしただろう。それでも、第三部のこの迫力は、ちょっと得難い。平穏な運命の下に生まれた女の子と、過酷な運命の下に生まれた男の子がいる。淡い恋心まで互いに抱いた二人だが、平穏な運命の娘は、自分の運命の平穏さを守るため、過酷な運命の男に、さらに過酷な運命を強いる。この時、第一部の無垢な平穏さの中に、娘が育んだものの正体を読者は知ることになる。逸品である。

（96年3・4月合併号）

その後、一九九七年の『死の泉』のヒットと高評価で、出版界における皆川博子のポジションは一変する。それでも、私は皆川博子で一本と言われれば『妖櫻記』を採る。

デフォルメされた日本女性の行動原理

連城三紀彦『隠れ菊』

『隠れ菊』／連城三紀彦／集英社文庫／2013年

連城三紀彦は、以前にも、このコーナーで取り上げたことがある。出来るだけ、いろんな作家を紹介する方針ではあるのだが、しかし、連城三紀彦という作家は、現在、日本で見逃すことの出来ない才能だ。実力からいっても、二回登場くらい当然なのである。

『隠れ菊』は、浜名湖畔にある料亭「花ずみ」に嫁いだ通子が、姑の一周忌をむかえるところから始まる。夫の旬平は「花ずみ」の板前だ。サラリーマンの娘であった通子は結婚後、姑も納得の上で、店のことにはノータッチの、平凡な主婦となる。だが、店に寝起きし、夫の板前としての人生の大部分を、料亭の女将としてともにする姑に、夫を奪われていると感じていた。そこへ、「花ずみ」が酒を入れている、金沢の造り酒屋の女社長・多衣がやって来る。彼女は六年間、旬平と愛人関係を続けていて、生前の姑から、旬平との結婚を望まれたという。

小説は、通子が、経営の傾いた「花ずみ」をやりくり再建するという筋に沿って進み、彼女に多衣や旬平たちが、協力する。そういう筋立てだけを見れば、これは、平凡な女の一生ものだろう。にもかかわらず、この小説が型破りなのは、通子や多衣の行動が、およそ非論理的で一人よがりなためだ。もう少し詳しく言うと、彼女たちの行動原理は、いかに、相手に恩を着せ、自分を悪く見せ貶めることで、相手に後ろめたさを感じさせるか（そのためには平気で嘘もつく）ということだ。「気づいていた」と「嘘だった」が、この小説には頻繁に出てくる。それは、連城作品の特徴でもあるが、今回とりわけ顕著なのは、それら（特にヒロイン通子のそれ）が、一人よがりの妄想の域に達していることだ。

むろん、こんなスタイルは、弱肉強食の世界では通用しない。けれど、それは日本の女性のかなりの部分が、意識してか無意識のうちにか、用いている手段のデフォルメした姿でもある。しかし、たとえば以前書いた〈悪人出ません〉型恋愛小説と、連城三紀彦がはっきり異なるのは、そういう都合の良さの限界をも描き出す点だ。だから、通子は、彼女の弱者丸出しの媚が通用しないマスコミによって、手痛い打撃を受けるのだ。

本書と並行して、連城三紀彦は『誰かヒロイン』という、現代女性の、恋愛サクセスゲームの狂騒的な戯画を書いている。当代随一の恋愛小説の手だれは、ついに、女性への意地悪な視線を露にしはじめたようである。

（96年5月号）

屈折した男の愛の顚末

大坪砂男「天狗」

『大坪砂男全集2　天狗』／大坪砂男／創元推理文庫／2013年

久しぶりに〈これも恋愛小説だ〉シリーズとして、短篇小説をひとつ紹介したい。大坪砂男の「天狗」は、日本ミステリ史上の傑作として、すでに定評のあるものだ。この短篇、気は狂っているが、立派な恋愛小説だと思う。

「天狗」は、ある偏執的に論理的な男の手記だ。もっとも、最初のうちは、そんな印象は与えない。その語り手は、喬子という女が、自分の周囲を意味あり気に徘徊していると、話を始める。ところが、すぐに読者は、どうも、この男はどこかヘンだと思うようになる。なぜなら「足早に通る女はどれもこれも喬子の変装に相違ない。背が高いのも低いのも。肥ったのも痩せたのも」と、ムチャを言い出すからだ。しかも、どうやら、喬子はすでに死んでいるらしい。だが、この男は、死の直前に「喬子は天狗に攫われ」て蘇生したと主張する。

話は、夏の避暑地に遡る。そこで語り手は、ある出来事に端を発して、旅館で同宿となった喬子を、殺さねばならないと決心し、実行する。原因となったその出来事は、ここで要約しても説得力を欠くくらい、ごく些細なつまらないことだ。だが、その些細な出来事を、彼は、自分なりに論理的につきつめる。そして喬子は、彼女の足を公衆の面前に晒す形で死なねばならないと、確信するに到る。

当人は、自分のことを、いたって正常、のみならず、非常に論理的とさえ考え、また、そういう自分の思考法を、誇りに感じているようでもある。確かに彼は論理的でもあり、科学的思考の訓練も積んでいる。だが同時に、この男は、論理的であることに関して偏執的でもある。この小説（のとくに前半）がみごとなのは、正常で論理的だと、自分のことを考える語り手の文章が、語り手を裏切って、彼の異常なことを、読者に伝えてくるところだ。

そして、もうひとつ。この語り手は喬子のことを、さりげなく男の気をひくばかりの、驕慢な女と描いている。だが、悪意に満ちた否定的な筆致で描いているはずの喬子像は、その服装が精緻に描写される。喬子は「朝夕の散歩に寄りつきにくいほどの素振で、人目をひこうと」すると、語り手は書くが、それは他の誰でもない、彼の目をひいたことにほかならない。

論理的な思考の道筋が、男の心の中の真実をすべて押し隠し、同時に、その道筋の中で、押し隠された真実を、それと直接には書かずに、読者に知らしめてしまう。「天狗」という短篇小説は、そんな不思議なナレイションで、屈折した男の愛の顚末を描ききった、まさに傑作なのである。

（96年6月号）

この稿を書くにあたって、薔薇十字社版『大坪砂男全集Ⅱ』に収録されたものを読んだのだが、大坪砂男の全集は、日下三蔵編になる全四巻のものが、約四十年ぶりに創元推理文庫から出た。生前とはうって変って、死後恵まれた作家であろう。

読み終わって初めて分かる恋ごころ

ウィリアム・フォークナー「エミリーにバラを」

『フォークナー短編集』／ウィリアム・フォークナー龍口直太郎訳／2013年改版

「エミリーにバラを」は、ウィリアム・フォークナーの代表的な短篇で、ここで取り上げるには、いささか有名すぎる気が、しないでもない。だが、この小説がアピールしているのは、フォークナー得意の、南部人のスケッチに、怪奇小説ふう味つけをほどこしたところのようだ。しかし、この小説、私に言わせれば、立派な恋愛小説である。もっとも、そうと分かるのは、小説の結末を読み終わった時だ。エミリーの恋心と、それが裏切られた動揺と、その動揺を隠そうとする意志という、彼女の三つの感情と、その激しさは、結末の文章で効果的に明かされる、この小説に描かれた一連の出来事の、さらにその奥に、しまいこまれている。

小品といってもいい、ごく短い小説なので、実物を読んでいただくのが一番だ。幸いなことに、文庫で入手しやすい、フォークナーの二つの短篇集（新潮文庫と福武文庫）の、どちらにも入っている。もともと、ヘタな紹介は種あかしになってしまう類の小説だ。さしさわりのないよう、輪郭だけ書くことにしよう。

小説の初めで、旧家の一族の最後の一人である、エミリー・グリアスンが死んだことが示される。この話は、したがって、彼女が生きている間、町の人々から孤立し閉ざされていた彼女の部屋に、町の人々が入って初めて知る、彼女の秘密についての物語だ。

彼女の家も一族も、時代に取り残されてはいるが、彼女自身、強い意志の持ち主として描かれ、町の人々にとって「ひとつの伝統、ひとつの義務、ひとつの厄介者」と考えられている。いき遅れたことを密かに笑いはしても、面とむかって、彼女の意志を曲げることの出来る人間はいない。この彼女の意志の強さを示すエピソードが、結末に到って、幾重もの意味をはらんでいたと分かるあたり、まことに巧妙である。さて、彼女は父親のおかげで、縁談がことごとく不首尾に終わっている。しかし、父親の死後、工事の仕事のために町にやって来た、ある北部人との仲が囁かれる。

ここまでしか書けないのである。

あとは、読めば分かる。難解なところは、かけらもない。ただし、エミリーの恋心など、直接的にはひとつも描かれていない。なぜなら、それは、エミリーが町の人々(つまり世の中の人々)から隠そうとしたことだから。

余談をひとつ。「彼は男友だちが好き」と訳されている部分は、同性愛を示していると取りたい。

(96年7月号)

この小説の邦題は、エミリーとバラないしは薔薇の組み合わせ方で、いく通りもあるが、ここでは私が読んだ新潮世界文学第四十一巻に拠った。この短篇については、Ｗｅｂミステリーズ！連載の「短編ミステリ読みかえ史」第8〜9回でも書いているので、興味のある方はどうぞ。

分からなければ気のすまない女の子

堀田あけみ『唇の、することは。』

『唇の、することは。』／堀田あけみ／河出書房新社／1996年

生きるということ、恋愛するということは、どういうことなのか。そんなことは、分からなくても、別に構わないと、私は思う。分かんなくっても、生きて恋愛することは、出来るじゃねえか。そんな乱暴な考えだ。どちらかというと、私は「分かる」ことが得意で、何かが「分かる」ことの好きな人間だ。にもかかわらず、そう考え、それで不都合はないと思っている。だが、世の中、そうもいかないらしい。

三村茜は小児科の女医だ。小説の最初のほうで、彼女の勤める病院の外科に患者としてやっ

て来た年下の男と、彼女はつきあい始める。彼に対する感情の揺れに沿って、この小説は確かに進んでいくのだが、彼女は、そして、この小説の書き手（それが、即、堀田あけみかどうかは、議論の余地がある）は、そんな彼女の感情の揺れをつとめて分析的に理解しようとする。

たとえば、こういう文章がある。

「保育園はいつまでも、知らない人の沢山いるところで、その環境は彼女に緊張を強いた。だから、緊張から解放される家庭がどこよりも好きだという強い自覚を、彼女は持っていた」

小学校にあがる前の子どもが、「緊張から解放される家庭がどこよりも好きだ」という「強い自覚」を持つだろうかという疑問が、まず生じる。「おうちが大好き」という「強い自覚」ではないのだ。しかも、大人になった彼女は「私は寂しいのだろうか」と、自分の感情に疑問を持ってしまう。ここに描かれているのは、おそらく、自分の感情や生理を、知識に変換しなければ、自分のものに出来ない〈賢い女の子〉の姿なのだろう。そして、それを変換するためのメソッドは、学問である科学である。

カギカッコをまったく用いない、会話も地の文に落とし込まれている、この小説の文章は、描かれたことのすべてが、書き手の頭の中で、変換されたことの証と取れて、その意味で、この小説の試みは、私には興味深いものだった。同時に、その試みは、中途半端に終わっているとも思う。この小説には、主語のない形で、「思う」という言葉が、何度か出てくる。それが「彼女」という主語が省略されたものか、「私」という主語が省略されたものか判然としないものが、いくつもある。自分のことを彼女と呼びながら記述している、という可能性も含みながら、この小説は、細部が混乱している。そして、その混乱が、人称の混乱であるという点で、現代の日本の小説が共通して抱えている（しかし無自覚な）問題であるように、私には思える。まことに惜しい。

（96年8月号）

愛がすれ違った先にある悲劇

ルース・レンデル『求婚する男』

『求婚する男』／ルース・レンデル羽田詩津子訳／角川文庫／1996年

ルース・レンデルの『求婚する男』に登場するガイは、自分の恋心にしか眼がいかない、迷惑を絵に描いた男として描かれる。だが、その乱暴な恋心には、妙に説得力がある。客観的にはヒドい男なのだが、では人が恋をして、そうそう客観的になれるものなのか？　愛することと愛されることがすれ違った時、そこで起こる悲劇を冷酷無比に描いて、さすがにレンデルである。

ガイとレオノーラは、ティーンエイジャーのころ、つきあっていた。レオノーラ自身、当時、なにやら言質を与えたことを認めているのだが、ちょっとした不良行為にも、スリルを感じるような十代の子どものころ、ロマンティックな感情を抱いただけの話だ。ところが、ガイの方は、本当にちんぴらで（つまり、当時の悪さが、そのまま仕事になり）、麻薬の売買に手を出して、二十歳になるやならずで、レオノーラの親よりも金まわりがいい。レオノーラが大学に進み、働くようになって、人となりが変わっていく一方、貧乏な家のアイリッシュであるガイは、変化のしようもない。レオノーラの家族友人が、ガイに良い印象を持たないのは、いうまでもない。かくて、彼女の心は離れてしまうが、ガイはその事実を認めることが出来ない。

というのが、小説が始まった時点での、ふたりの関係なのである。かといって、かつて好きだった男をすげなくできないレオノーラは、毎週土曜日のランチだけをともにしている。それは彼女にとっては、愛していない男に対する、最大限の譲歩なのだが、彼にとっては、自分に好意をもっていなければ、とても続けられるはずのない行為以外の何物でもない。

他にフィアンセまで出来ながら、愛していない男に対して「唇を開き舌をからめた長くて甘やかなキス」をする、教育はあるが優柔不断な女と、女の言動をすべて自分に都合のいいように解釈できる、粗野で身勝手な男。この組合わせがいきつく、懸命に先延ばしにされた、しかし、どう考えてもいつかは到達する悲劇に向けて、まるで、精巧な時計細工で、あらかじめ仕組まれたかのように、ふたりの関係は悪化していく。読者は、すべてを見渡せる位置から、もどかしい思いでふたりを眺めつつ、その破局を避けがたい。

パトリシア・ハイスミスあたりを連想させる（ハイスミスほど登場人物は粘っこくないが）、正常人として通用する異常な人々の、恋愛トラブルの顚末を描いて、レンデルのシニカルな眼が活きた一編である。

（96年9・10月合併号）

ハードボイルドタッチの恋愛小説

レイモンド・チャンドラー「待っている」

『チャンドラー短編全集3　待っている』／レイモンド・チャンドラー稲葉明雄訳／創元推理文庫／1968年

レイモンド・チャンドラーの「待っている」は、慎重に読み進むことを要求する短篇小説だ。ホテル付きの探偵トニー・リゼックは、深夜、泊まり客のミス・クレッシーを、ラジオ室で見つける。彼女は最上階に宿泊して五日、一度も外出しない。彼女は、ある男を待っている。彼は、かつて、彼女が「汚ない真似」をしたために「暗いところへ入れられ」たのだ。だが、彼女は、よりを戻したいと考えている。トニーが、彼女の話を聞いたところで、彼は、旧知の間柄のアルというギャングから、呼び出される。アルは、ミス・クレッシーをホテルの外に出すよう要求する。彼はクレッシーの待つジョニーという男を狙っている。トニーが戻ると、ジョニーはすでに、ホテルに入り込んでいる。トニーは彼と対面するが、警告を発し、女を連れて逃げさせる。だが、ジョニーと別れラジオ室に戻ると、部屋に戻っていたはずのクレッシーを見つけ、行き違いになったことを知る。そこへ、アルとジョニーが撃ち合いになったという報せが入る。

表面的には、これだけの話なのだが、それだけだと、なぜ、トニーがジョニーを逃がそうとしたのかということが、決定的に理解できない。

アルとトニーとは、旧知の間柄と書いたが、ふたりの会話が緊張感の中にも親密さを持つ一方、トニーはアルを「やくざだよ」と明言し、烈しい軽蔑をこめて「阿呆の集まり」「低能ばかりだ」と酷しい。ふたりの間には、強い感情が隠されている。会話の途中で、アルが母親の様子をトニーに訊ねるところがあり、ふたりを兄弟ととるのが、あるいは、自然かもしれない。しかし、ラスト近くの、トニーとフロント係の会話には、トニーが同性愛者であることが、暗示されている。だから、むしろ、愛する男の母親の面倒をみながら、おそらくは厄介事とともにしか現われない、その男アルを、トニーも待っている。そして、愛している男だからこそ、その男に殺人をさせてはならないと、トニーは考えた。そう解釈したい誘惑にかられる。もちろん、そんなことは、直接、この小説には書かれていない。けれど、ホテルのラジオ室で、待っている男と待っている女がいて、一方の待っている男が、他方の待っている男を殺してしまうというシンメトリカルな結末は、いかにも小説として、きれいではないか。

ハードボイルドタッチで恋愛を描くとこうなるという、好見本として、一読いただきたい。

（96年11月号）

レイモンド・チャンドラーの「待っている」についても、Webミステリーズ！連載の「短編ミステリ読みかえ史」第31回に、さらに詳しく書いているので、そちらも読んでいただくのがよろしいかと思う。

フィリピンに突っ込んでいくニッポン人

内山安雄『フィリピン・フール』

『フィリピン・フール』／内山安雄／ハルキ文庫／2000年

この小説の主人公のヤスオは、アジアと関わり、アジアに関したテーマを書いてきた、小説とルポルタージュの作家となっている。それは、そっくり、著者の内山安雄にあてはまるから、この『フィリピン・フール』が、内山安雄の想像力の産物であるのか、実話であるのか、読者には分からないようになっている。帯にしても、おそらくは注意深く、そのどちらとも明言しないように、配慮されている。

私ことヤスオは、取材で訪れたフィリピンで、美しく若い娘アリスと出会い、一目惚れする。アリスは、大学で薬学を学んだ薬剤師の卵で、いまは売り子として、薬局で働いているが、国家試験を受け、正式の薬剤師になりたいと言っている。ふたりの関係は深まり、ヤスオは一念発起し、アリスが国家試験に通るのを見込んで、彼女にマニラで薬局を開かせるため、金を用意する。ヤスオは、年収の一・五倍ほどの借金をするが、アリスの夢が叶うならば、薬局開店が幸せな生活の始まりと、信じて疑わない。ところが、アリスは試験に落ち、しかも、商売のシロウトである作家のヤスオから見ても、彼女には商才のかけらもない。店の経営は破綻し、それとともに、ヤスオは、アリスの言動と、それと食い違う家族や周囲の言葉の、どちらを信じていいのか分からなくなる。

一連の出来事そのものは、まことに破天荒で、この後、薬局の在庫をめぐって、警察とギャング一家の対決があったり、アリスの失踪があったり、盛りだくさんな内容だ。金持ちニッポンの文士が、愛する女性を求めて、フィリピン社会に頭から突っ込むストレイトさと、そこで生じるすれ違いは、題材として申し分ない。

にもかかわらず、この『フィリピン・フール』の文章は、あまりに弱い。語尾の「という」の乱発が、そのもっとも顕著な証拠だ。文章に「〜という。」が増える時、それは普通、断定の根拠が持てないことから来る、文章の弱さを示すことが多い。だが、『フィリピン・フール』の場合は、問題の根は、もう少し深いように思う。ヤスオの一人称で、この小説を書くかぎり、理解不能の混乱を極めた世界に、ならざるえないのだろう。しかし、それでは、所詮一方的で、弱い小説にしかならない。そして、それは、この小説を、アリスの側からは、とても書けないだろうと思わせる、弱さでもある。〈内山安雄、痛恨の書き急ぎ〉のように思えてならない。

（96年12月号）

狂気への明るい道

パトリシア・ハイスミス『愛しすぎた男』

『愛しすぎた男』／パトリシア・ハイスミス岡田葉子訳／扶桑社ミステリー／1996年

以前、ルース・レンデルの『求婚する男』について「パトリシア・ハイスミスあたりを連想させる（ハイスミスほど登場人物は粘っこくないが）」と書いた。奇しくも、それを証明するような、ハイスミスの長編が翻訳された。『求婚された男』と同様、ストーカーを描いた『愛しすぎた男』だ。一九六〇年の作だが、いまなお立派に面白い。

デイヴィッド・ケルシーは、紡績工場の技術主任だ。本当は、研究職に就きたいのだが、愛するアナベルと家庭を築くことを考え、ペイの良い、この仕事を選んだ。新居となる家も買っているが、購入にあたり、別人の名義で買い、週末には、誰にも知らせずに、そこで別人になって暮らすという、二重生活をおくっている。ところが、アナベルには、彼と結婚する気はなく、言い寄る彼を避け続ける。優柔不断なところのある彼女は、拒絶の言葉も婉曲だが、自分の恋心と、その成就を信じて疑わないデイヴィッドには、その断りの言葉が通じない。この〈しつこい男と強く出られない女〉という関係は、『求婚する男』と同じく、ストーカーとその被害者の典型だ。アナベルは、別の男ジェラルドと結婚し、子どもまで作るが、デイヴィッドは、その結婚生活で、彼女が不幸せになったと信じ込んでいて、新居に乗り込むことまでして、彼女に離婚を迫る。

どちらも面白いから、二冊読み比べるのが一番だ。レンデルは、巧緻な時計仕掛けのように、ふたりの破局めがけて、話を進めていく。一方、ハイスミスは、恋に盲目になった男の精神の集中が異様に高まり、それが狂気に到るまでを、ていねいに迫っていく。

レンデルは、現役のミステリ作家の中でも、登場人物の心理を描くことに長けた作家だが、こと、この二作を比べるかぎり、ストーリイテリングに頼った、プロットの作家に見える。むろん『求婚する男』のストーリイテリングが一級品であることは、間違いない。だが、『愛しすぎた男』の、デイヴィッドを描くハイスミスの筆は、レンデルの、ストーリイテラーぶりを超えるほどに、容赦なく細やかだ。

時間の感覚がわずかずつ狂い始める様。人間の発話を、声として聞きながら、それが言葉と結びつかない、意識のずれ。記憶の混乱。そういった描写を積み重ねた果てに、強烈にして、かつ艶めかしい美しさをたたえた、デイヴィッドの幻覚が来る。恋に狂った男が、本当に狂ってしまうプロセスを、説得力いっぱいに描いた、ハイスミスならではの小説である。

（97年1月号）

愛の一方通行

栗本薫『あなたとワルツを踊りたい』

『あなたとワルツを踊りたい』／栗本薫／ハヤカワJA文庫／2000年

ミネット・ウォルターズの『鉄の枷』は、確かに面白い。私は、ミネット・ウォルターズという人を、あまり買っていないないし、『鉄の枷』も手放しで誉めるのではない。それでも、三代にわたる愛されることのなかった女性たちの系譜は、読んでいて時を忘れさせるだけの力があるし、（通常とは逆の意味ではあるが）恋愛小説としても、一読に値する。

とはいえ、このコーナーも、今回が最後である。『鉄の枷』のような、ひねった取り上げ方をするものではなく、現代的なものをと考えた時、浮上してくるのが、栗本薫の『あなたとワルツを踊りたい』だ。ハヤカワ・ミステリワールドの一冊。

この小説は、三人の人間の一人称から成っている。ひとりは、テレビで売り出し中のアイドルタレントというか、俳優・歌手（ドラマで人気が出て、青年館でコンサートをひらく）の鮎川優貴だ。もうひとりは、そのユウキの熱烈なファンで、追っかけをやるために、実家を出て自活している、はづきという女の子だ。彼女はスタジオの出待ちをし、毎日ユウキに手紙を書いていて、ボーイフレンドを作ることなど考えない。最近、深夜のいたずら電話に悩まされている。最後のひとりは、はずきのことを一方的に見初めた、ご近所の昌一だ。彼は、はずきの平凡なところに好感をもったのだが、セックスのことしか頭の中になく、はずきの行動を監視し、彼女の家に、深夜オナニーにふけりながら電話をし、彼女を尾行しては、満員電車の中で、彼女のスカートの中に手を入れる。

お分かりのように、昌一ははづきに、はづきはユウキに、愛情を捧げていると、一方的に思い込んでいる。さらに、ユウキは、テレビで共演した田所というホモの俳優から、言い寄られている。しかも、はづきの友人の恵美子（彼女もユウキの追っかけだ）が、偶然、ユウキが田所にキスをされる場面を目撃し、写真まで撮ってしまったため、一大事となる。

栗本薫が巧いのは、マスメディアのアイドルスターに自分の感情を託す娘たちの心のうちを描く技だ。処女作の『ぼくらの時代』以来、この人の、もっとも冴えるところだろう。はづきの一人称をこれだけ巧く描く作家は、他に見つからない。小説としては、少々乱暴なところもあり、アイドルの一人称を、優貴とユウキのふたつのパートに分けているのだが、その対照をもっと強く出してほしいといった注文もある。それでも、恋愛がコミュニケイションに到らない時代の、悲惨な物語として一読されたい。

（97年2月号）

あとがき

本書は、本の窓一九九七年三・四月合併号から二〇〇七年二月号にかけて連載された「ミステリー古典名作」というコラムが中心になっている。第一部から第五部にかけてが、それにあたる。本の窓は小学館が出している月刊のPR誌だが、年に二回合併号があり、一年間に十回刊行されている。私の連載は毎回一ページで、四〇〇字詰め原稿用紙にして三枚弱のため、駆け足だったり説明をはしょったりしたところが多く、今回細かな手入れを行った。執筆から時間が経っているけれど、内容的に変更を加えたいと感じる原稿は少なかったので、多くは推敲のレベルに留まっている。新たに書き足したいと思ったことは、本文末尾に初出掲載の月号を表示した後で、補足を加えている。この部分は、現在の考えと思っていただきたい。

土屋隆夫の『危険な童話』に関する文章や、B・S・バリンジャーについての文章のように、大幅な改稿が必要だったものは、本文末尾にその旨を記している。さらに、連載時に取り上げなかった本について、いくつか書き加えておきたいものもあったので、それらについては書下ろしと明記してある。そうした文章が、現在の考えをもとに書かれていることは、言うまでもない。バリンジャーの『赤毛の男の妻』については、過去何度か原稿を書いてみて、結末を伏せるかぎり充分に書けないことが分かったので、今回、このような形で決着をつけることにした。

そうした新しい原稿も、あまり頓着せずに、連載の原稿に混ぜる体裁をとったが、もともと、古今東西の有名なミステリを、行き当たりばったりに取り上げるという意識で書かれたものだったので、気にせず読んでいただきたい。

私の書評家としての経歴は、本の雑誌の新刊めったくたガイドの、日本の小説ノンジャンルを担当したことに始まる。ノンジャンルというのは、ミステリとSFは、専門の担当者がいるから、そちらに取り上げる優先権があるよという程度の意味で、そこからこぼれていた連城三紀彦や皆川博子、筒井康隆の『残像に口紅を』や『ロートレック荘事件』といったところを、私はもっぱら奨めていた。以来、定期的に執筆の場を与えられた、サンデー毎日の書評欄（ここにはミステリ担当としてすでに野崎六助がいた）でも、私の担当は「雑」であり、いろんな本について書いた。本の窓の何代目かの編集長である高橋攻《つとむ》さん（その後定年をむかえ退職されている）が、「今月の恋愛小説」というコラムを書かないかと、声をかけてくださったのは、そうして書いた書評を読んでのことだったようだ。

「今月の恋愛小説」は、一九九四年五月号から始まったが、取り上げる本は、入手可能であれば新刊書に限らなくてもいいという条件だったので、旧作をあつかうことも出来た。それでも、新刊書が原則であって、取り上げる本に困ることもあった。新刊書評の連載から、足を洗いたいという気持ちもあり（事実「今月の恋愛小説」以降で、新刊書評の連載の仕事はミステリマガジンしか受けていないし、これは、さすがに例外である）、連載三年目の終わりを目前にしたころ、丸三年三十回を区切りとして、四年目となる一九九七年の五月号からは、ミステリの旧作の再評価をやらせてもらえないかと、私の方から持ちかけた。高橋さんは、その後、日本劇作家協会とタッグを組んで、せりふの時代という雑誌を創刊してしまうような、フットワークの軽い人だ。区切りなどどうでもいいから、次号からそれでやってくれと即決した。コラムのページを手直しするタイミングと重なったようだった。こうして「ミステリー古典名作」のコーナーが始まった。

「今月の恋愛小説」とはいうものの。連城三紀彦や皆川博子（またしても！）はもちろん、東野圭吾の『むかし僕が死んだ家』や、グレアム・グリーンの『拳銃売ります』、大坪砂男の「天狗」、レイモンド・チャンドラーの「待っている」などを、そこではあつかっていて、そうしたものは、本来「ミステリー古典名作」に入る方がふさわしいかもしれない。そこで、本書をまとめるにあたって、ボーナストラックとして「今月の恋愛小説」を加えることにした。それが第六部である。第五部までと比べて、いささか毛色が異なっているのは、そのためだ。

見出しは連載時のものを変えていることが多い。また、見出し部分につけた対象の本の版元とその出版年は、現在、相対的にもっとも容易に入手できるであろうと思われる版を記したので、必ずしも、私が読んだ版と同じではない。版元のデータはすぐ古びてしまうし（と書いているはしから、トマス・フラナガンの『アデスタを吹く冷たい風』がハヤカワミステリ文庫に入ってしまい、ゲラで直さなければならなくなった）、二、三年も経てば、不確かな情報になってしまう可能性がある。それでも、手がかりがないよりはましだろうという判断からつけたものだ。その点、鷹揚に考えてもらいたい。

著者名などの表記は、原則、その取りあげた本に従っている。ただし、大きな例外がふたつ。エラリイ・クイーンとアガサ・クリスティに関しては、一般的と思われる表記が複数あり、これまで常に困ってきたので、このふたりは、具体的な本についてのデータを書く場合にのみ、その本の表記に従い、それ以外は、エラリイ・クイーンとアガサ・クリスティと書くことに決めている。ついでに書いておけば、私はエルキュール・ポアロと書く。クイーンに関しては、エラリのあとを、イとするか音引きとするかで、作中の探偵と著者を区別すれば便利なのではないかと考えたこともあるが、当然ながら、そんなバカな区別は採用していない。

あつかった作家や作品には、バラつきも偏りもある。ディクスン・カーは取り上げていないのに、クリスティは多い。グレアム・グリーンやエリック・アンブラーの名前が登場する回数が、バランスを失して多いと感じる人もいるに違いない。これらは、人のいない手薄なところを守ろうとする、私の行動パターンの現われかもしれない。クリスティは読まれていても、論じられることの少ない作家であったように思うし、スパイ小説についての評価はさらに少ない。十代のころ下手くそなサッカー部員だったせいか、誰もいないスペースめがけて走ることが、私には多い。たいていはムダ走りである。

それでも、ミステリの名作や隠れた名作を手に取る仕事は楽しかった。連載に起用してくれた高橋攻さんと、担当として支えてくれた宍田こずえさんには、感謝の言葉もない。書名が掲載誌名にちなんでいることは確かだが、同時に本という窓から世界を見るという意識なしに、私がミステリを読むことはありえない。論創社のみなさんのご厚意により、こうして本にまとめることが出来た。一冊一冊の本については、ここに書かれたものをさらに要約することは出来ないが、この仕事をしている間の私の気持ちならば、ひとつの文章に要約できる。

ミステリはこんなふうにも面白い、と。

小森収（こもり・おさむ）
1958年福岡県門司市（現・北九州市）生まれ。書籍編集者。作家。その他出版関連業務一般下請け。著書に『土曜日の子ども』『終の棲家は海に臨んで』『はじめて話すけど…』などがある。

本《ほん》の窓《まど》から
——小森収《こもりおさむ》ミステリ評論集《ひょうろんしゅう》

2015年8月25日　初版第1刷印刷
2015年8月30日　初版第1刷発行

著　者　小森　収
装　訂　栗原裕孝
発行人　森下紀夫
発行所　論 創 社
〒101-0051　東京都千代田区神田神保町2-23　北井ビル
電話　03-3264-5254　振替口座　00160-1-155266

印刷・製本　中央精版印刷
組版　フレックスアート

ISBN978-4-8460-1443-8
落丁・乱丁本はお取り替えいたします

論　創　社

七人目の陪審員◉フランシス・ディドロ

論創海外ミステリ139　フランスの平和な街を喧噪の渦に巻き込む殺人事件。事件を巡って展開される裁判の行方は？　パリ警視庁賞受賞作家による法廷ミステリの意欲作。　本体2000円

紺碧海岸のメグレ◉ジョルジュ・シムノン

論創海外ミステリ140　紺碧海岸を訪れたメグレが出会った女性たち。黄昏の街角に人生の哀歌が響く。長らく邦訳が再刊されなかった「自由酒場」、79年の時を経て完訳で復刊！　本体2000円

いい加減な遺骸◉C・デイリー・キング

論創海外ミステリ141　孤島の音楽会で次々と謎の中毒死を遂げる招待客。マイケル・ロード警部が不可解な謎に挑む。ファン待望の〈ABC三部作〉、遂に邦訳開始！　本体2400円

淑女怪盗ジェーンの冒険◉エドガー・ウォーレス

論創海外ミステリ142　〈アルセーヌ・ルパンの後継者たち〉不敵に現れ、華麗に盗む。淑女怪盗ジェーンの活躍！　新たに見つかった中編ユーモア小説も初出誌の挿絵と共に併録。　本体2000円

暗闇の鬼ごっこ◉ベイナード・ケンドリック

論創海外ミステリ143　マンハッタンで元経営者が謎の転落死を遂げた。盲目のダンカン・マクレーン大尉と二匹の盲導犬が事件の核心に迫る。《ダンカン・マクレーン》シリーズ、59年ぶりの邦訳。　本体2200円

ハーバード同窓会殺人事件◉ティモシー・フラー

論創海外ミステリ144　和気藹々としたハーバード大学の同窓会に渦巻く疑惑。ジェイムズ・サンドーが〈大学図書館の備えるべき探偵書目〉に選んだ、ティモシー・フラーの長編第三作。　本体2000円

死への疾走◉パトリック・クェンティン

論創海外ミステリ145　二人の美女に翻弄される一人の男。マヤ文明の遺跡を舞台にした事件の謎が加速していく。《ピーター・ダルース》シリーズ最後の未訳長編！　本体2200円

好評発売中